滄海叢刊

哲學類

柏拉圖三論

程石泉 著

東大圖書公司

國立中央圖書館出版品預行編目資料

柏拉圖三論／程石泉著.--初版.--臺
北市:東大出版:三民總經銷,民81
　　面; 　　公分.--(滄海叢刊)
ISBN 957-19-1403-7 (精裝)
ISBN 957-19-1404-5 (平裝)

1.柏拉圖(Plato, 427-347 B. C.)-
學識-哲學
141.4　　　　　　　　　　81002267

網際網路位址　http://www.sanmin.com.tw

ⓒ 柏　拉　圖　三　論

著作人　程石泉
發行人　劉仲文
著作財　東大圖書股份有限公司
產權人　臺北市復興北路三八六號
發行所　東大圖書股份有限公司
　　　　地　址／臺北市復興北路三八六號
　　　　電　話／二五○○六六○○
　　　　郵　撥／○一○七一七五──○號
印刷所　東大圖書股份有限公司
總經銷　三民書局股份有限公司
門市部　復北店／臺北市復興北路三八六號
　　　　重南店／臺北市重慶南路一段六十一號

初版一刷　中華民國八十一年六月
初版二刷　中華民國八十九年十月

編　號　E 14039

基本定價　叁元貳角

行政院新聞局登記證局版臺業字第○一九七號

ISBN 957-19-1404-5 (平裝)

序

　　柏拉圖哲學之基本信念：此一宇宙乃一有目的，且具有價值等差之宇宙。又此一宇宙乃一「有機體」：每一事物無不通體相關，所謂「牽一髮而動全身」者也。姑無論其結構如何錯綜複雜，無不以「理型」為其理想之構形。是故欲求宇宙之結構與功能之真實情形，捨抉發與認知其「理型」，別無他途。感官之知雖每每失真，但非出自主觀之幻象，實乃宇宙真實之模本。

　　此宇宙既為一有目的之宇宙，則有靈魂為之主宰。凡天地開闢、陰陽運化、寒暑迭來、日月更出、孚萌庶類、亭毒羣品，無不一一出自靈魂之所裁決。宇宙構形雖有無窮盡之可能，靈魂必取其「至善」「真美」之造形，使其運行無阻、集體平衡。人之靈魂雖有部分及部分之間之互動，但無不以保持和諧、追求幸福為鵠的。

　　又靈魂在功用上似乎有分部，如「理性」、「豪情」（意志）、「慾念」之別。究實，靈魂單一不毀，且轉世不朽。如能日覲純理之美，而與聖知為伍，是為般若悅、神聖情。

　　靈魂雖不毀、不朽，其運作則有待乎「愛取」。「愛取」者，乃「內心迫切之要求」。「愛取」乃價值取向，但可步步提昇：由「愛取」個體之美，提昇到「愛取」普遍之美型；由「愛取」普遍之美型、提昇到「愛取」制度、法律、秩序之美；由「愛取」制度、法律、秩序之美，提昇到追求純理知識之美；最高則由欣賞默念純理智慧之美，而入於心醉神迷的「天界之休」。

　　「愛取」雖有對象之不同，但追求不朽之目的則相通。男女由愛悅而傳宗接代，是乃生命之不朽。在世創造各類型美的善的藝術品或社會秩序，使後世人共蒙其利，是乃流芳千古之不朽。另有哲學家追求真、善、美、聖之綜合與統一，並身體而力行之者：如西方蘇格拉底、柏拉圖、亞理士多德，印度之釋迦牟尼、馬鳴、龍樹、無著、世親，中國之孔、老、墨、孟、莊、荀，皆所以傳教化之不朽。

　　本書之內容分為「理型論」「靈魂論」「愛取論」，非謂柏拉圖之哲學盡在此矣，但提綱挈領，由此三論，可略窺柏拉圖智海之波瀾，掛一漏萬或不可免也。

民國八十一年五月東海大學

柏拉圖三論　目次

第四章　柏拉圖愛取論

第一章　柏拉圖身世及其著作

一、柏拉圖身世

在古代希臘哲學家中，我們對柏拉圖似乎較爲熟習，因爲有關他的傳說記載較多。可是流傳至今的傳說，旣難肯定，亦欠周全。例如他的誕生年便異說紛紜。現代學者綜合各方面資料，認爲柏拉圖生當「披羅彭尼辛戰爭」(Peloponnesian War) 爆發之後，約在第 87 次奧林匹克運動大會後第四年，是爲西曆紀元前 429 年。有人認爲柏氏誕生在紀元前 420 年。有的認爲柏氏生在紀元前 427 年 5 月 21 日，正當第88屆奧林匹克大會進行之年。這些說法因證據不足，都有使人難以貿然接受的困難。

關於柏拉圖去世之年，也有不同的傳說。有的說他死在第 108 次奧林匹克運動大會後一年。有人說他活到八十二歲，也有人說他活到八十四歲。比較可信的說法是柏拉圖在八十歲時還在修改他的著作，死在八十一歲。如此，則我們認爲柏拉圖生在西曆紀元前 429 年，死在紀元前 348 年(429 B.C.—348 B.C.)。但是德國希臘學者賽勒 (Eduard Zeller) 順從權威希臘學者如格魯特 (G. Grote)、猶柏維格 (Ueberweg)及史坦哈特 (Steinhart) 諸人的考據，主張柏拉圖生於西曆紀元前427年，死於紀元前347年，享年八十歲。但又有傳記，當乃師蘇格拉底飮鴆自盡時，柏氏爲二十九歲，曾逃亡至密加瑞 (Megara)。又

有人說蘇格拉底死時，柏氏爲二十八歲。不同傳說使柏氏生卒年月撲朔迷離。又有關柏氏生辰，據神話傳說頗具神秘色彩。傳說中柏拉圖家世可追溯到太陽神阿波羅（Apollo）。

　　據云柏拉圖父親亞理士妥（Aristo）在柏氏未成年時，已先去世。柏氏祖父名亞理士妥克勒斯（Aristocles）。據云柏拉圖早年通用其祖父之名，後來爲柏拉圖一名所取代。柏拉圖乃柏氏體育老師贈與他的諢名，形容其身材強健，相貌魁武。有人說他父親是科卓斯（Codrus）的後代，更有人說他是梭倫（Solon）的後人。實際上，這是誤解。據云柏拉圖之母佩里克娣昂尼（Periction）（有人誤稱其母名婆東妮 Potone，婆東妮乃其妹之名），乃夏米兌斯（Charmides）之姊，克里迪亞斯（Critias）之表妹。可以追溯她的身世，來自一位梭倫之鄉親卓畢特斯（Dropides）。而梭倫乃希臘古代聖人，他是法律的創始者（Lawgiver），他又是亞迪嘉王朝之始祖（the ancestor of the King of Attica）（亞迪嘉乃以雅典爲首都之半島）。

　　關於柏拉圖兄弟親友，皆因史料零碎難以論斷：見於《共和國》（*Republic*）及《巴曼尼底斯》（*Parmenides*）兩語錄中之克勞孔（Glaucon）與亞兌曼特斯（Adeimantus）皆柏拉圖之兄弟（在英語中 brothers 既未表明是兄或者是弟，同時堂兄弟或表兄弟亦得稱爲兄弟）。又見於上舉兩書另揭及有兩位柏拉圖母親的兄弟。換言之，乃柏拉圖之舅父，可是正如乃父亞理士妥一樣，默默無名。另在《共和國》語錄（*Republic II,* 368a）中曾經提到柏氏父親亞理士妥仍然健在。但是根據《辯護》語錄（*Apology,* 34a, 38b），在蘇格拉底受審以前，亞理士妥已經去世了。另見於《巴曼尼底斯》語錄，柏拉圖另有同母異父之弟弟一人，名安迪方（Antiphon），其父名畢里藍帕斯（Pyrilampes）。

　　據歷史傳說，柏拉圖家道貧困，曾以販賣食油爲生。後之希臘歷史家柏留塔采（Plutarch）也提到柏拉圖旅遊外國的費用全靠在埃及出賣食油。更有傳說柏拉圖因受貧困所逼，有意自願爲一傭兵，經蘇格拉底加以勸阻。此類不經之談，恐出於後世苦行修者，或出於反柏拉圖或反蘇格拉底學派中人。

　　事實上，柏拉圖家族隸屬貴族黨，而貴族在當時皆是大地主。柏拉圖叔叔查密特斯（Charmides）原是很富有，但因爲披羅彭尼辛戰爭，使他遭受損失而貧窮。又根據珊羅芬的《記憶錄》（*Xenophon's Memorabilia*）說當披羅彭尼辛戰爭時，柏氏家屬未曾遭受損失。又據該《記憶錄》，謂蘇格拉底曾進言柏拉圖的兄弟克勞孔，要他從事於拯救整個城邦之前，先應救濟他的一個叔叔。假如柏拉圖的父母生活在貧困中，身爲其子的克勞孔焉有不先救濟父母之事。又根據《辯護》語錄（*Apology*, 38b），柏拉圖自願和其他三人籌足三十雅典幣，繳付蘇格拉底交保出獄的押金，足見柏拉圖不是身無分文的人。又柏拉圖多次出國旅行更足以證明他的富有。至於有人說他曾去埃及賣油，果如其言，只是說柏拉圖去埃及旅遊，不攜帶現金，而裝運家中出產的食油在埃及出賣，以資旅遊支出，這不得證明柏拉圖貧窮。

　　談到柏拉圖早年教育，據云最早教他寫讀的是達昂尼修斯（Dionysius）。又從亞理士妥（非其生父，乃是來自亞哥斯的亞理士妥 Aristo from Argos）練武學藝，並曾由乃師推薦參加伊士敏運動大會（Isthmian Games），參加角力比賽。但是自從他認識蘇格拉底以後，不曾有人提起他參加運動比賽，所以他是否曾參加過伊士敏運動大會角力比賽是值得懷疑的。至於說柏拉圖曾從卓科（Draco）學習音樂，並經由藝術家傳授他有關顏色的知識，恐皆是揣測之辭。可是鑑於披羅彭尼辛戰爭末期雅典城邦的情形，柏拉圖必然曾目睹軍事訓

練的情形，同時他很可能曾參加密加瑞戰役 （409 B.C.）。在那一次戰役之中，據柏氏在《共和國》語錄中的陳述（*Republic II*, 368a），他的兄弟在此次戰役中表現優異。

以柏拉圖幼年環境而言，他生於高貴之家，不愁衣食，再加上在當時政壇上顯赫的兄弟和親友，提供給他優越的條件，發展他天賦的才能，富有理性思考能力，勇於追求理想；同時他又有詩人和劇作家的才華，運用詰問的方法，使人對若干艱深的哲學問題，獲得嶄新而又深入的瞭解。爲了瞭解柏拉圖所生的時代，和他個人的身世對他心靈發展的影響，我們可從三方面加以考慮：

第一、 從柏拉圖時代普遍情況及他的家世著眼， 柏拉圖渡過童年，正當雅典城邦在西西里島軍事冒險失敗之後，舉國沮喪的時候。當時雅典政府一切缺點暴露無餘，那時候雅典城邦被稱爲「民主」時代，可是「民主」漫無約束，產生種種弊端。例如自私自利的人生觀和狡詐欺騙的社會風氣，使人承受不了。柏拉圖出身於從政世家，對於當時的憲法十分不滿。不久他的兄弟和親友以貴族政黨的名義被慫恿出而執政：如克里迪亞斯（Critias）和夏米兌斯諸人。 那個時候雅典的偉大時代已經暗淡無光了，可是這班新執政的貴族濫用權力，使雅典政治情況每下愈況。不禁使懷有高尙情操和理想的青年，如柏拉圖之爲人，不得不退求其次，在憤懣之餘，於是沈緬於政治烏托邦的夢想。

第二、同時柏拉圖生而具有寫作的天才，這種下了根苗，使他放棄了政治的冒險，致力於用語錄的體材（語錄式的描寫需要劇作家的訓練，如《酒筵》（*Symposium*）、《費多》（*Phaedo*）、《費卓斯》（*Phaedrus*）、《辯護》諸語錄具有高度劇作技巧）記錄乃師蘇格拉底的言語、思想和行狀，更發揮他自己思想創作的才能，建立他的哲學體

系。據云他曾經寫過詩歌、舞詞、警言,甚至於寫過悲劇四部曲,但是自從他遇見蘇格拉底以後,他決心放棄寫作生涯,把他的存稿付之一炬。

　　在沒有遇見蘇格拉底以前,柏拉圖已經對哲學發生興趣。據亞理士多德的《形上學》中所載,柏拉圖似曾與克瑞迪勒斯(Cratylus)相過從,因此得知海拉克萊特斯(Heraclitus)哲學。也有人說柏氏也曾和郝摩景尼斯(Hermogenes)有過從,而郝氏屬於巴曼尼底斯學派。這些人對柏氏哲學思想或許有影響,但不能與乃師蘇格拉底相比。

　　柏氏曾經說過這是他一生好運,得與蘇格拉底生在同一時代。據云蘇格拉底在未遇見柏拉圖以前,曾夢見一天鵝(阿波羅所豢養的鳥)向他飛來,唱著悅耳的歌聲。當第二天柏拉圖出現在蘇氏面前時,蘇氏即刻悟及他夢中景物的意義,可是柏拉圖和乃師蘇格拉底相處不過八、九年之間。據云他們兩人相遇時,柏拉圖當時是二十歲,當蘇氏去世時柏拉圖為二十八歲。有關這些數字的傳說不盡相同,引起後人的疑竇。

　　雖然柏拉圖和乃師蘇氏相處不到十年,可是蘇氏對柏拉圖的影響到了使他終生難忘的地位。我們讀了柏拉圖語錄,幾乎每一語錄都有蘇格拉底在。特別在《費多》和《辯護》兩語錄中,柏氏對乃師思想和人格的刻劃描寫,使讀者印象深刻難忘。但是當乃師生死存亡緊要關頭時,柏拉圖不曾親自在場。事後經費多和克里妥(Crito)等人的口述,柏拉圖寫下了乃師蘇氏臨死以前傾吐出他畢生所積的哲學智慧。究竟柏拉圖因何不在現場?歷史上有種種傳說。有人說柏拉圖為了避免牽連遭禍,逃亡到密加瑞。有的說柏拉圖因病不克親臨現場。依常情推想,柏拉圖因病未即親臨乃師死亡的現場,是較為可信的。而柏氏之病由於預知乃師不願由其弟子繳付出獄押金而出獄,及乃師視死如歸的決心,師生情深,焉有不傷感致病之可能。更有甚者,柏

拉圖曾主動願赴法庭爲乃師辯護，但是當時法官和輿論囂囂然欲置蘇氏於死地，拒絕或阻撓一切拯救蘇氏的合法途徑。柏拉圖必因愛莫能助，而哀傷致疾。

二、柏拉圖思想傳承

關於柏拉圖思想傳承，確有若干問題須待澄清。根據現存柏拉圖語錄，不僅有時間前後的區分，並且在若干語錄中，蘇格拉底從頭到尾居於主角的地位，在有些語錄中則不然。在早期語錄中如《納席斯》(Lysis)、《夏米兌斯》(Charmides)、《萊采斯》(Laches) 內容簡純，尚未解除深受蘇格拉底的影響。嗣後語錄如《費卓斯》、《酒筵》中雖然仍以蘇氏爲主角，但顯然柏拉圖在藉乃師之口，道出他自己的見解。至於後期語錄如《迪冒斯》(Timaeus) 與《法律》(Laws)語錄，乃師蘇氏已不復居於主導的地位，而柏拉圖藉用語錄的體裁，表達他自己的哲學智慧。關於柏拉圖語錄的眞假與分期問題，將在下文詳加解釋。目前的問題柏拉圖在語錄中所呈現的哲學探索範圍如此之廣，而柏拉圖所生時代，在雅典可說是百花齊放、百派爭鳴的場面，難道說柏拉圖在二十歲時遇見乃師之前、之後，不曾接受其他學派的影響？關於這個問題後代學者與歷史家有許多揣測：譬如有人認爲在《費卓斯》語錄中暗藏畢達哥拉學派的哲學。又有人說在《費多》語錄中，藏有海拉克萊特斯學派的理論。柏氏在該語錄中只探索由「物質世界」(world of the material)追溯到「終極因緣」(final causes)，再由「終極因緣」追溯到「理型世界」(world of ideas)。換言之，爲了由「自然哲學」(philosophy of nature) 進入「理性哲學」(conceptual philosophy)，柏拉圖在該語錄中奠下一些原理和

原則。更有人說柏拉圖去密加瑞從歐幾里德（Euclid）學數學，又有人說巴曼尼底斯和采奴（Zeno）曾敎柏拉圖邏輯。這些傳言皆無實據，故難以取信。

但是，唯一不可否認的事實是蘇格拉底對柏拉圖的影響既深廣又悠久。雖然相聚不過八年或九年，可是蘇氏的「詰問法」，不盲目採信感覺經驗，而重視理性功能，堅持世界靈魂及個人靈魂不朽，並且相信宇宙具存目的，而最高的目的莫過於「至善」。凡此種種在柏拉圖早年、中年、晚年語錄中重覆申述，向無二心。至於蘇氏之爲人，當時雅典人對雅典「城邦政治」失去信心，人人生活無目標，因之生命失去理想，導致道德淪喪，各謀私利的時候，蘇氏毅然提倡人人應追求善知識。並倡言靈魂不朽、善惡有報（且看《費卓斯》語錄），以對抗當時的政客、政論家、「詭辯家」（sophists）及鄉愿之輩，終於遭受誣告、妄讞、判處死刑。對於傾心崇拜蘇氏而尚未三十而立之年的柏拉圖，眞可說是晴天霹靂，如於惡夢中驚醒：痛感雅典「城邦政治」日非，誓不涉足當時政壇（柏拉圖曾被邀參加政治，但遭柏氏拒絕）。但並非謂柏氏因乃師之殉難，以致終生忘情於政治。事實上恐因乃師之冤獄喪亡，使柏拉圖積極構想一烏托邦世界，使人人因其職守而各盡其才，爭取自我之完成。在哲王廓然大公、遵循理性指導之下，社會正義在烏托邦中於焉有實現之可能。此項政治於《共和國》及《法律》兩語錄中言之綦詳。又此兩語錄之創作無一不在受蘇格拉底受審、定讞、飲鴆自戕的感動之下，執筆完成的。換言之，蘇氏之智慧、人品和行誼，爲柏拉圖的哲王政治提供了一個理想的典型。蘇氏熱心追求眞理與至善，表現他的智慧。蘇氏參加馬拉松及沙拉米（Salamis）戰役，作戰堅強和協助同袍，表現他的勇敢。蘇氏對待青年友善，且循循善誘，表現了他的友愛。至於他不貪生怕死，且視

死如歸，表現他的剛毅正直。以上種種品德綜合實現爲一高貴的人格，是乃柏拉圖理想中之哲王也。

三、柏拉圖之旅程

於蘇格拉底之死前及死後，雅典城乃一國際都市。學人商旅由陸上來自波斯王朝及波斯王朝之東如印度北部；海上則有來自埃及、腓尼基、義大利的商旅；更有若干希臘人移民到地中海沿岸，與祖國交通往來極爲頻繁。柏拉圖當乃師蘇氏飲鴆時，據云已偕同其他蘇氏弟子，逃往密加瑞。此項傳說有其由來：判處蘇氏死刑者史稱爲雅典城邦三十暴君時代。實際上，此三十操持國政者，原屬「民主」人士，而此類「民主」人士有若干乃無知無識之流氓，此類人自稱民主，而實際上實行暴虐專斷。蘇格拉底以「莫須有」之罪名，獲死刑判決。凡與蘇氏有淵源者，鑑於雅典城邦政治情況之惡劣，遠走高飛應在情理之中。但後之希臘學者有謂與柏氏同時出國避難者有珊羅芬（Xeno-phon）、安迪佘勒斯（Antisthenes）、伊士琴勒斯（Aeschines）等人。柏氏曾和上舉各人，師事歐幾里德學習幾何學。此項傳說之可信度，猶待深入考證。

關於柏氏旅程有三種不同的傳說：一派認爲柏氏先去埃及、再去義大利，以後去西西里島。一派認爲柏氏先去錫蘭尼（Cyrene），再去義大利，以後去埃及。再有一派認爲柏氏先去義大利訪問畢達哥拉學派中人，再去錫蘭尼，以後去埃及，更從埃及回義大利，再去西西里島。這些傳說都有無法證明的困難。根據後世亞倍留斯（Apuleius）的記載：說柏氏曾東遊馬吉（Magi）和波斯❶。更有克立曼斯（Cle-mens）說柏氏曾遊過巴比倫、敍利亞、西伯萊和施瑞斯（Thrace)❷，恐怕更是無稽之談。 大概比較可信的是柏拉圖在乃師蘇格拉底去世後，曾去密加瑞，由密加瑞和蘇氏其他門弟子曾旅遊埃及、錫蘭尼、大格瑞西亞 (Magna Graecia) 和西西里島。

　至於在密加瑞柏拉圖停了多久，是否曾返回雅典？假如曾返回雅典，柏氏是否曾停留在雅典相當時日，使他能在雅典接受門徒向他討教，並且已經寫好了一些語錄？ 根據《柏拉圖手札》(*Plato's Epistles*) 第七書，已暗示在他旅遊之前， 柏氏已完成某些語錄。又有一項傳說柏拉圖旅遊返回雅典是在紀元前386年。假如柏拉圖當乃師蘇氏去世後便去密加瑞，出發旅遊時，柏氏當年是二十八歲,而回歸雅典時適為四十一歲,則柏氏曾漫遊埃及、義大利及西西里島十三年之久，此項傳說殊難使人信服。但可能的情況是: (一)假定柏拉圖去密加瑞,或許出於對當時政治環境的研判所採取的行動。但在蘇氏去世之後， 當權之三十寡頭政客未曾採取擴大羅織蘇氏的罪行， 柏氏和他的同行者（假如有同行者）感到個人的安全無所顧慮，於是返回雅典，從事於個人教學與寫作工作。(二)也有可能柏氏等人到密加瑞後，隨商船先去埃及，瞻仰埃及古代廟宇藝術，並且深讚埃及文化之古老與偉大。嗣後則又隨商船返回雅典。經過若干歲月，柏氏已完成了他的《共和國》語錄，再去西西里島。(三)或者由埃及船行先經西西里島，再回雅典也有可能。我們必須體認由雅典航行去埃及錫蘭尼港，沿途有若干島嶼可以停靠，加上當時地中海沿岸各島嶼與埃及和希臘半島間商旅頻繁，到處都有希臘商船和殖民團體，並且希臘移民在地方上當權執政，如特洛伊 (Troy) 城和西西里等處。 所以旅遊在古代希臘比較古代中國要方便得多。前者是在地中海中，後者沿著黃河長江。

---

❶ Apuleius, *De Dogmate Platonis, i.* 3.
❷ Clemens, *Cohortationes* 46.

關於柏拉圖旅遊行程的傳說雖有歧異，但是我們可肯定柏拉圖在雅典必有一段很長時間的居留。在那兒他開始教學，以後成立了「書院」(Academy) 教授哲學。在學生之中亞理士多德最爲出衆。在亞氏著作中，一再徵引甚至批評乃師柏拉圖的「理型論」。柏拉圖曾去過埃及、義大利和西西里島，恐怕是無庸懷疑的。去西西里島前後共有三次之多，容後再談。

柏拉圖去義大利之行後世學者每多故意揣測，說柏拉圖此行會見了義大利的畢達哥拉學派中人。後之學者，如羅馬時代的西采奴 (Cicero) 就曾列舉亞其塔斯 (Archytas)、阿其克瑞玆 (Echecrates)、迪冒斯 (Timaeus) 等人爲當時畢達哥拉派中佼佼者，並且說柏拉圖和該派學人有深入的接觸，受了他們的影響，對於數學更有深入瞭解，這對柏氏的宇宙論的發展關係重大。

有關此事另有一段插曲：在傳說中謂柏拉圖在義大利曾出高價買了菲羅洛斯 (Philolaus) 的著作。在歷史上第一位論及其事的是迪蒙 (Timon)，他只說柏拉圖出了高價買了一本小書，那本小書幫助他完成了他的《迪冒斯》語錄。至於那本小書柏拉圖付了多少錢和何處買到，都不曾明言。以致後世學者多所揣測：有的說柏拉圖在西西里島買了菲羅洛斯的書，付了一百元希臘銀幣。有的說付了四十亞歷山君銀幣。更有人說該書是贈品，因爲柏拉圖曾爲菲羅洛斯一名犯了法的學生，向西西里當局達昂尼修斯求情獲釋。更有人說柏拉圖不曾直接購買此書，而是達昂 (Dion)（達昂尼修斯第二之叔父）用柏拉圖所應得的酬勞金買了此書，贈送柏拉圖。總之，此一插曲出於後世學者依據其所屬學派製造種種傳說，企圖貶損柏拉圖天賦智慧、哲學才能。

四、柏拉圖在西西里島傳說異聞

談到柏拉圖在西西里島的遭遇，更使讀者觸目驚心。據云柏拉圖曾去西西里島（歷史記載謂柏拉圖曾三次去該島，企圖說服當局，以期實現其理想政治），會見當時執政者達昂尼修斯第一。達氏之弟達昂曾在雅典與柏拉圖相識，或者曾師事柏拉圖。因達昂之故，會見其兄，不意為了柏拉圖出言直率，或者因為黨派陰謀，使達昂尼修斯大為震怒，將柏拉圖交付斯巴達駐西西里島之大使坡里斯（Pollis）。滿口仁義道德的坡里斯將柏拉圖遣送到愛金拉（Aegina）販賣人口市場、拍賣為奴。嗣後經安立叟里斯（Anniceris）出資將柏拉圖贖回，柏氏得以返回雅典。

關於柏拉圖在西西里島之遭遇也是異說紛紜：有人說達昂尼修斯將柏拉圖送到西西里首都沙萊寇斯（Syracuse）的奴隸市場，以二十塊希臘銀幣將柏拉圖出賣為奴。又有人說達昂尼修斯原議將柏拉圖處死，後經達昂及亞理士多曼尼斯（Aristomenes）緩頰，達氏改變心意，送交坡里斯請其處理。依當時西西里當權的命令，柏拉圖本應處死，因為他是雅典人（或許西西里島當局與斯巴達為結盟國，故敵視雅典人），但蒙特赦得以不死，改為出賣為奴。又據云達昂及其朋友欲歸還贖金二十銀幣或三十銀幣於安立叟里斯，安氏不肯接受，而將此款在雅典購置與「書院」相連之花園，以備柏拉圖休息之用。柏拉圖遭遇此難，據奧林匹多魯斯（Olympiodorus）說是發生在柏氏第二次西西里島之行。

柏拉圖經過此次意外事件返回雅典後，曾聚集年輕學子利用體育館作為教學的場所。他曾憩隱於與體育館相連的花園（此花園為柏氏好友安立叟里斯所購贈者）中。但似乎他的教學工作曾有間斷，因為

他願身爲一政治家以實現其政治理想的希望，未曾因第二次在西西里島所受之遭遇而稍有減退，於是有了第三次西西里島之行。

事有巧合，在西西里島上爲王之達昂尼修斯突然病故，其弟達昂出於對柏拉圖衷心崇拜，於是慫恿其侄兒達昂尼修斯二世派人邀請柏拉圖來沙萊寇斯，以一展其政治抱負。柏拉圖初抵沙萊寇斯，頗受達昂尼修斯二世之禮遇。但不久，王庭政情複雜，據謂達昂門下之士有人主張擁戴達昂爲王者，立卽遭受達昂尼修斯二世、王庭貴族及重臣之猜疑，旣則見諸言行，使柏拉圖不得不卽速逃出沙萊寇斯，匿居商船中，回抵雅典。此事發生在柏氏第二次或者第三次，有不同之說辭。以常理推斷，柏氏第三次西西里之行因達昂鑑於其兄達昂尼修斯去世，故得說服達昂尼修斯二世禮聘柏拉圖來西西里島，希望能在希臘殖民地上建立一合乎社會正義之政權，以對抗斯巴達人之窮兵黷武，但是事與願違。柏拉圖經此番挫折後，息隱於雅典體育場後花園中，是爲柏拉圖教學生涯之正式開端。

柏氏息隱家園後，不再涉身政治，蓋有鑑於年歲已高。據後世希臘學者之推斷，柏氏返回雅典時已屆七十歲。若柏氏去世時爲八十歲或八十一歲，則此十餘年中得以安心修改其著作，並教授門徒以乃師蘇格拉底之哲學與言行。柏氏可謂已由絢爛歸於平淡，得徒如亞理士多德，其晚景亦堪自慰矣。

但是關於柏拉圖最後西西里島之行，後世傳說最爲分歧。當代柏拉圖學者泰勒 (A. E. Taylor) 綜合各方記載，謂：

約在西曆紀元前 367 年時，柏拉圖應爲六十歲，因爲統治沙萊寇斯的暴君達昂尼修斯去世，提供柏氏一個生命大冒險的機會。暴君逝世後，其子達昂尼修斯二世應承繼其位，可是他不

學無術，年近三十，不曾受過良好教育，不堪出掌西西里島西部布臘移民所建立之小小王朝。當時迦泰基人（Carthaginians）以地中海南岸為根據地，依仗其海上貿易的才能，排斥希臘文化，並欲奪取布臘殖民地。當時幼主之堂兄達昂（另一傳說謂達昂乃達昂尼修斯一世之堂弟，故應為達昂尼修斯二世之叔父。）鑑於布臘人海外殖民地之處境，深信如能實行柏拉圖之政治理想，庶幾希臘人海外殖民地可以長治久安，而布臘文化理想亦可發揚光大。達昂追隨柏拉圖約有二十年之久，深信邀請柏氏來西西里島必可一展柏氏之長才，使達昂尼修斯二世獲得優良教育。柏氏與達昂之間本有師生關係，今達昂鑑於達昂尼修斯在西西里島所建立王朝處於內憂外患之中，教育小王擔當大任，此乃大好機會。柏氏接受了達昂之邀請，毅然蒞臨沙萊寇斯。其初小王尚有禮遇，且對幾何學表現興趣。但是時隔不久，朝廷中黨派傾軋，小王無心學習，且對於達昂及柏拉圖多所猜疑。柏氏有鑑於此，曾返回雅典。據《柏拉圖手札》之所言，達昂尼修斯二世對乃師仍維持尊敬之關係，且多書信往來。據云當西曆紀元前 361—360 年柏氏又返回沙萊寇斯。當此時日，柏氏曾竭盡所能調和達昂與達昂尼修斯二世之間的歧見。不幸事與願違，柏氏幾遭達昂尼修斯二世貼身保鑣之毒手。經亞其塔斯（Archytus of Tarentum）的解救，終於在紀元前 360 年返回雅典。

當此之時，達昂與達昂尼修斯二世之間嫌隙日深。達昂為生命之安全曾出離西西里島，乃糾合傭兵渡海作戰，曾據有沙萊寇斯。為此柏氏曾去函道賀，但是達昂之缺點正如柏氏曾於信中提醒達昂者：做事不可採取躁切及高壓手段。不幸，達昂雖曾

親炙柏拉圖學院之教誨，以其躁切從事，不足以應付其當前權力之爭，竟然為喀里勃斯（Callipus）所暗殺。有謂喀氏亦曾在柏拉圖書院受教，與達昂有同學之誼，但柏氏於手札中謂喀氏與達昂之結合並非出於哲學同好，而是出諸某種政治密謀。柏氏曾寫兩封信與留居沙萊寇斯之達昂餘黨，表示其對於達昂政治目的的光明正大多所讚美，希望他們能忠於其「共和國」政治理想，並鼓勵他們各黨各派能互相團結。否則，希臘海外殖民的地方政權將為迦泰基人或者南義大利奧斯堪人（Oscans）所毀。❸

以上泰勒教授之所言完全依據現存《柏拉圖手札》十三篇。此項手札之真偽久為國際希臘學者所爭論。證諸當時歷史事實，《柏拉圖手札》之中必有若干為後世敵視柏拉圖學派中人所捏造。此事已有共識，泰勒教授之所言未可全信。

　　關於柏拉圖西西里島之行，後世學者意見紛紜。關於去該島之次數，在該島蒙難出賣為奴之事，及柏氏親自參加西西里島達昂尼修斯小王朝政變之事，各有不同的敍述，使真象難明。但是鑑於柏拉圖之家世及所處之時代背景，其關心雅典城邦政治，及希臘人在海外殖民所建立之政權，以及邦國政治之理想，與夫人生幸福之所依歸，不僅出乎自然，且為一位哲學家所應探索之事。柏拉圖冒險犯難三次（至少三次）前往西西里島，嘗試以其政治理想付諸實施，不惜置身於生死存亡之邊緣，實不異乎孔子去魯周遊列國。孔子自我放逐十三年之久，且在陳缺糧與在匡被困。真正哲學家誠如柏拉圖之所言乃「法律

---

❸　A. E. Taylor, *Plato, The Man and His Work*, pp.7–8.

之給與者 (lawgivers)，爲生民立命，爲後世開太平，應非窮年矻矻，祖述古人陳言之大學教授。

　　柏拉圖自西西里島返回雅典之時，已年屆七十，於是息隱家園，以教學及著作終其身，頗受希臘人及非希臘人所尊敬。亦好似孔子返魯於泗水之上設壇教授弟子門人，唯孔子教學生涯恐不越乎三、四年，便音沈響絕。而柏拉圖享年八十或八十一，故其教學生涯亦較孔子爲長。

五、柏拉圖之著作及其眞僞問題

　　關於柏拉圖語錄的眞僞，現存柏拉圖語錄之數量，柏拉圖語錄之先後秩序，以及柏拉圖語錄分組與分期種種問題，從古到今在歐洲希臘學者之間爭論不休。但是在大體上有一共識：除那些在古代已經評定爲僞造之柏拉圖語錄外，現存之柏拉圖語錄共三十有五，手札十三封，更加若干「定義」，那些定義是有關自然界及道德領域中的「名相」(terms)。

　　柏拉圖享年八十有餘，雖曾出遊埃及、義大利及西西里島各處，且曾牽涉西西里島上希臘殖民政權之政治活動，但是柏氏曾致力於教育及著作約逾五十餘年，凡經由柏氏書寫企圖傳於後世者，皆獲得保存至今。換言之，凡經傳說之柏拉圖著作一一皆有見於現存之著作之中，並無遭受毀損或遺失者。後世雖有冒柏氏之名僞稱爲柏氏被遺失之著作，但無不一一證明其爲僞造，並爲現代希臘學者所共認。至於另有少數短文「探索哲學與至善」(discourses about philosophy, and about good)等等，有人歸之於柏拉圖的著作，實際上與柏拉圖無關，原是古代佚名之遺著而已。總之，在數量上幾經公認爲是柏拉圖之著作，至今並無遺失。又有關柏拉圖著作眞僞問題亦剚嚴重之爭

論: 例如曾被誤認爲是柏氏語錄之《伊匹洛密斯》(*Epinomis*) 已經鑑定爲非列柏斯 (Philippus of Opus) 之遺著，又《亞西比亞兌斯第二》(*Alcibiades II*)亦經審定爲珊羅芬 (Xenophon) 之遺著（此事恐未必可靠）。再如語錄《安寶瑞士迪》(*Anterasti*) 與《赫巴丘斯》(*Hipparchus*) 久經懷疑實非柏氏語錄。更有巴拉迪斯 (Panaetius) 指責柏氏《費多》語錄爲僞造者，亦經查明，係出於學派之偏見，以其不同意《費多》語錄中所言「靈魂不朽」之理論。更有若干柏拉圖語錄經後世學人指責爲他人所僞造，雖曾引起紛爭，但近世學者自十九世紀以來，對於前人所懷疑是否爲柏拉圖之著作已經一致同意或者獲得大多數學者同意認爲確係柏氏之著作。此項認定無不歷經由(一)文字選構(二)成語流行(三)文理脈絡(四)柏拉圖行文風格(五)柏拉圖思想內容各方面詳細審查，故「內在證明」(internal evidences) 已無懷疑之餘地。

談到有關柏拉圖著作眞僞之「外在證明」(external evidences)，亞理士多德實乃關鍵人物。亞氏爲柏拉圖及門弟子，不僅爲一柏拉圖主義者，且能發揚光大乃師之學說。世傳亞氏哲學不同於柏拉圖，尤其關乎「理型論」(Theory of Idea)， 若非出於亞氏習讀柏氏語錄時態度不夠審愼，必出於後世希臘哲學派別之傾軋,誤解柏氏語錄之原義，以誇張亞氏與柏氏之不同。此類紛爭當另文深究之。以亞氏與柏氏之親密關係而論,凡柏氏著作經亞氏直接徵引,或者間接提及者，其眞實性最爲可靠。因爲柏氏同時代或後一代著作家對於柏拉圖著作之評論，除亞理士多德以外,未見流傳。到了西曆紀元第三世紀末,「來自拜占庭之亞里斯妥范尼斯」(Aristophanes of Byzantium)把部份柏拉圖著作分爲五組,每組三篇。第一組計有《共和國》、《迪冒斯》、《克里迪亞斯》(*Critias*)。第二組計有《詭辯家》(*Sophistes*)、《政

治家》（*Politicus or Statesman*）及《克瑞迪勒斯》（*Cratylus*）。
第三組包含《法律》、《明羅斯》（*Minos*）及《伊匹洛密斯》。第四
組包含《佘阿狄特斯》（*Theaetetus*）、《猶且菲羅》（*Euthyphro*）
及《辯護》。第五組包含《克里妥》（*Crito*）、《費多》和《手札》。
到了第五世紀（約兩百年後）施瑞席勒斯（Thrasylus）再把柏拉圖
著作分爲九組。每一組包含四篇語錄。可是柏氏的《手札》（十三篇）
和《定義錄》（*Definitions*）被當作是一篇看待。

　　我們必須體認上舉兩位目錄學家把柏拉圖的著作加以歸類之前，
柏拉圖的著作可能在他去世後儲藏在「書院」中。其承繼者施波席拍斯
（Speucippus）和散羅克瑞特斯（Xenocrates）必然知情。但是他們在
世時都不曾宣稱收藏柏拉圖的著作，並考證其眞僞。又在西曆紀元前第
二世紀，先是「亞歷山卓圖書館」（Alexandrian Library），繼則「剖
格木斯圖書館」（Pergamus Library）相繼徵集天下圖書，而柏拉圖
著作或竟然爲該圖書館高價求得其拷貝也未可知。而亞里斯妥范尼斯
和之後的施瑞席勒斯兩位目錄學家，可能由圖書館獲得柏拉圖著作的
拷貝，再加以分類。縱然如此，當「亞歷山卓圖書館」和「剖格木斯圖
書館」收購柏拉圖著作時，是否曾經審查過那些著作的眞僞？審查者
是何人？審查眞僞根據何項標準？這些在現代學人看來都是合情合理
的疑問。本書著作倒非常傾向於接受古代迦蘭（Galen, ab. 130-ab.
200）的說法：　他認爲在上舉兩大圖書館未建立之前，西方並無人蓄
意創造僞書、爭取名利。此項由現代學人（二百年來）所發起之疑古
風潮，在中國更是波濤洶湧。約在本世紀二十年代，中國學人中疑古
學派懷疑一切古書幾乎皆是後人僞造的，但近四十年在中國大陸從古
代墳墓中發現大批木簡、竹簡、帛書，證明原被懷疑爲係後人僞造之
書，在西曆紀元前二百年前已刻諸木簡。是故柏拉圖著作眞僞問題不

必刻意製造出種種假設，再根據那些假設提出種種似是而非的疑問。

談到有關柏拉圖著作眞僞問題，亞理士多德似乎居於關鍵性的地位。作爲外在證明，凡是經由亞氏徵引過或者談論過的柏拉圖著作應當是實有的眞的柏氏著作。一來、亞氏是柏拉圖及門弟子；二來、以亞氏的聰明才力當能辨別出柏氏著作的眞僞。換言之，在柏拉圖去世以後，若有其他派系出於善意，或者出於惡意，僞造柏拉圖著作，亞氏必能輕易予以識破。在亞氏著作之中，雖然有徵引柏拉圖語錄中語句，但亞氏並不曾明白標示如「柏拉圖在某一語錄中如此說」，或者「蘇格拉底在某一語錄中如此說」。有時亞氏明白指出徵引柏拉圖言詞，但未標明出處。有時亞氏在他自己著作中徵引一些語句被發現在柏拉圖著作之中，但亞氏並未指明是柏拉圖的意見，或者是他人的意見。有時亞氏徵引柏拉圖的語言，但標明是蘇格拉底的語言。在亞氏著作中有更多的地方標明是柏拉圖的哲學，究實原是亞氏自己的意見。總之，古代希臘三大哲人的言論，形諸筆墨的，很難區分。柏氏和亞氏徵引其老師的學說思想，並不確實標明出自何人，出自何書。與現代作家作文時，注重「腳注」（footnotes）與「引得」（index）大異其趣。近世學者學識淺陋，往往注重版本章句訓詁之考據，此類工作不僅勞而無功，且極易引後之學者誤入歧途，不可不愼。

希臘學者如賽勒、猶柏維格、史坦哈特往往企圖由亞理士多德著作中所用的動詞時式，如「過去式」（preterite）、「不定過去式」（aoist）及「完成式」（perfect）等等，以區分亞氏直接徵引柏拉圖的理論，或者只是間接徵引，或者不確定是徵引柏拉圖的語言，或者是柏拉圖學派共同的見解。殊不知此類區分法，不僅不能幫助我們解決問題，並且如理亂絲，愈理愈亂。

就當前留存至今柏拉圖著作中，經常爲亞理士多德所論及而加以

批評者爲三大語錄: 《共和國》、《迪冒斯》及《法律》。除此以外，《費多》語錄亞氏曾明白指出是柏拉圖所作。《費卓斯》語錄亞氏曾道及，並曾兩次徵引該語錄中有關「靈魂」之定義。亞氏認爲是柏拉圖的定義。又亞理斯妥范尼斯在《酒筵》語錄中讚頌「愛取」的講辭亞氏曾加引述，足以說明亞氏把《酒筵》語錄看成是真實可靠的柏拉圖語錄。依相似理由，亞氏也認爲《喬吉亞》(*Gorgias*)、《曼奴》(*Meno*)、《小赫畢亞斯》(*Lesser Hippias*)是真正的柏拉圖語錄。亞氏雖不曾指明某項柏拉圖語言見於《佘阿狄特斯》語錄，但某項曾被亞氏所徵引的語言確見於該一語錄。相似情形在亞氏《倫理學》一書中，所言某些理論確出於《菲列巴斯》(*Philebus*)語錄，但亞氏只說是柏拉圖的意見，並未指明出於該一語錄。亞氏在他的著作中，有意的或者無意的證明《詭辯家》和《政治家》兩篇語錄是柏拉圖的。亞氏在《修辭學》中曾提及《辯護》語錄的存在。在同一書中，亞氏所徵引蘇格拉底之言，是否出自《曼尼散勒斯》(*Menexenus*)語錄，尚有存疑之處。亞氏不曾提及《巴曼尼底斯》語錄，可是在《菲列巴斯》語錄中菲列巴斯曾談到巴曼尼底斯，亞氏可能知道《巴曼尼底斯》語錄的存在。亞氏雖然不曾提及《柏羅泰格拉斯》(*Protagoras*)語錄，但顯然他知道有此語錄，並曾利用此一語錄作爲是歷史上的權威著作。亞氏似乎也曾接觸過《納席斯》《夏米兌斯》和《萊采斯》語錄，但缺乏有力的佐證。在《形上學》中，亞氏引據前人對某些名相的定義，似乎牽涉到《克瑞迪勒斯》語錄和《大赫畢亞斯》(*Greater Hippias*)語錄，但亞氏並不曾明白指認。又關於《猶且昔木斯》(*Euthydemus*)語錄，亞氏必然常加參考，可是在他著作中所徵引猶且昔木斯所犯之邏輯的謬誤，則不見於現存的《猶且昔木斯》語錄之

中❹。此事或許出於現存版本有遺失，應不礙該語錄之可靠性。

依本文作者之意見：凡現存之柏拉圖著作既經亞理士多德在其文章中提及，或者加以評論，認為是屬於柏拉圖學派之思想，其眞實可靠性應不容懷疑。在柏拉圖去世前二十年，亞氏是柏氏在雅典學院的學員。在柏氏去世後，亞氏曾遠離雅典城。在十二年或十三年之後，亞氏返回雅典城以終其生。當柏拉圖在世時，不致有僞書之困擾。柏氏去世以後，雖發現有不爲人知的柏氏遺著：有的爲初稿尚未完成，有的爲柏氏早期嘗試之作，主題不明顯，論證多散漫。但是在理論上不違背柏氏哲學的一貫立場，是故後來柏拉圖學派之學員視之爲柏氏之遺著，並無歧視或者懷疑其眞實性之跡象。至於柏氏在世時未完成之著作經由他人或門弟子續成之者，若其內容與柏氏門徒心目中柏拉圖的哲學不相衝突，未必有人貿然提出抗議。

誠然，凡經亞理士多德提及之柏拉圖之著作，其眞實性應無庸懷疑，但若未經亞氏提及之現存柏拉圖之著作，是否有足以懷疑之處？是則不然。亞氏既非文獻考據學家，亦非哲學史家，亞氏不須提供柏氏著作的目錄，更不必從歷史觀點指呈柏拉圖在哲學史上地位。亞氏雖然是柏拉圖及門弟子，但是他循序建立他自己的哲學。他徵引柏拉圖的著作主要在闡述他的觀點，此觀點是同意乃師柏拉圖的看法，或者批評柏拉圖的看法，皆無不可。是則與他心中哲學問題不相干的柏氏著作，他不須加以注意，更不必加以閱讀和徵引。

更有進者，亞理士多德曾親炙柏拉圖的教誨，所以他對乃師哲學之瞭解可能出自親聆其語，或者出自相互答辯，未必一一見諸柏拉圖去世後的遺著。對後世學者而言，柏拉圖的哲學便是柏拉圖的遺著；

---

❹ Aristotle, *Rhetoric,* 11, 24; 1401, a. 26.

對亞理士多德而言，只有在必要時才參考柏拉圖的著作，作為思考辯證的對象。在平時，他可隨時面對乃師對許多哲學問題問個清楚。

　　根據亞理士多德在其著作中一再提及柏拉圖的《共和國》《迪冒斯》和《法律》語錄，足見亞氏最所關心的問題，是哲學的原理如何應用在解釋自然界，和如何應用在說明政治機構的功能。可是在另一方面，亞氏對乃師「形上學」的基礎又屢屢加以批評，尤其對於柏拉圖的「理型論」意見最多。又亞氏對乃師的批評有兩點最足以使人驚訝的：（一）儘管亞氏對柏拉圖的「形上學」多所批評，但是對於作為是建立「形上學」初步知識：例如有關「知識的概念」（Conception of knowledge）、何謂「真正的品德」（true virtues）、「政府施政的技巧」（the art of government）、「愛取」（love）、「真正的科學方法」（true scientific method）和「反對詭辯派的理論」（the opposition to the Sophistic teachings）等等，亞氏在他批評柏拉圖的「理型論」時，一概付諸闕如。（二）亞氏對乃師的批評往往是斷章取義，出於誤解。例如有關「理型論」，柏拉圖在《共和國》、《迪冒斯》、《酒筵》、《費卓斯》、《佘阿狄特斯》語錄中都曾論及，在《詭辯家》、《巴曼尼底斯》和《非列巴斯》語錄中亦多所說明。亞氏忽略上舉的事實，殆若毫不知情似的，仍然追問道：「柏拉圖為何不研究特殊個體如何得參與進入理型世界？」❺ 關於此點，柏拉圖在《巴曼尼底斯》語錄中❻詳加說明，而亞氏不予理會，似乎不曾知道有《巴曼尼底斯》語錄之存在。

　　更有甚者，亞理士多德為了要批駁柏拉圖的「理型論」，不惜對「理型論」提出種種責疑。譬如亞氏曾經問道：「誰遵循理型的模式製

---

❺　Aristotle, *Metaphysics,* 1, g.87, b.13.
❻　Plato, *Parmenides,* 130e.

造出感官事物？(Who formed the things of senses after the pattern of the ideas?)」❼ 事實上柏拉圖在《迪冒斯》語錄中明白的說過「世界創造者參照那永恆的理型製造出感官事物（the creator of the world did this in looking on the eternal archetypes)」。在《費多》和《共和國》語錄中柏拉圖也暗示在「物質世界」和「理型世界」之上有「造物主」(demiurgus)❽，這也正如亞理士多德在他的著作中一再提到的「最後因」(the final cause)。

總結在亞理士多德著作中直接徵引柏拉圖的理論並且標明出處的只有《共和國》、《迪冒斯》、《費多》和《法律》四個語錄；又亞氏在他的著作中曾引用某些理論,那些理論原本出自柏拉圖,但亞氏不曾指明。又亞氏指認某些理論是來自柏拉圖,但是他不曾指明出於哪個語錄。假如我們把這些計算起來,亞理士多德默認柏拉圖曾寫下《菲列巴斯》、《佘阿狄特斯》、《詭辯家》、《政治家》、《曼奴》、《小赫畢亞斯》、《喬吉亞》、《酒筵》、《柏羅泰格拉斯》語錄。

在審訂柏拉圖著作真僞方面,我們確是遭遇若干困難問題。在柏氏語錄之中,內容與體裁之間相差很遠。有的語錄缺乏主題,對話之間淡而無味;有的語錄有頭無尾,顯然尚未完成,或許遺失某些部份;有的語錄自始至終對話連篇,爭鋒相對,鞭辟入裏;有的描寫生動,充滿舞臺戲劇意味,而思想主題隱約之中透露出來。是故柏拉圖語錄的內容龐雜多變化,其體裁極不一律。凡此每每引起後世學者懷疑現存之三十幾個語錄,恐非出於一人之手。

但是鑑於柏拉圖寫作生涯約計六十年之久,其哲學思想及表達的方法確有變化。在其早期語錄中,某些問題的處理到了中期和晚期確

---

❼ Aristotle, *Metaphysics*, 1, 9, 991, a.20.
❽ Plato, *Phaedo*, 100b.

有深淺之別。同時在早期、中期語錄中，乃師蘇格拉底居於主導的地位，到了《迪冒斯》和《法律》語錄中，柏拉圖不再以蘇格拉底爲主角，甚至於不再提及他的名字。談到柏氏語錄之間體裁風格也有變化。在柏氏語錄中讀者極易欣賞到柏氏對於人物的刻劃，聚會場所的描述，使人印象深切；至於對話的生動、析理的深透，更耐人尋思。這皆出於柏氏乃一多才多藝、不拘一格的著作家。雖然有少數柏拉圖小型語錄如《伊匹洛密斯》和《亞西比亞兌斯第二》在古代便已被視爲是非柏拉圖之著作，其實那些小型的語錄無論其是眞是假，對於柏拉圖之哲學的瞭解實無關宏旨。

　　根據賽勒的研究報告，柏拉圖著作留存後代的計有語錄三十五篇，手札十三篇，另加《定義錄》。那些有關道德倫理的定義不一定出自柏拉圖之手，可能是柏拉圖學院所用的參考資料；十三篇手札在賽勒、史坦哈特和卡斯丹（Karsten）等希臘學者的眼中皆是後人僞造的，而僞造的人假託柏拉圖之名，藉以達到某種欺謊的目的。至於那三十五篇語錄，除《伊匹洛密斯》、《亞西比亞兌斯第二》在古代已經被認爲是假的，另有《亞西比亞兌斯第一》(*Alcibiades I*)，《伊昂》(*Ion*)、《佘亞吉斯》(*Theages*)、《安賓瑞士迪》、《赫巴丘斯》、《明羅斯》、《克立多芬》(*Clitophon*) 七個語錄，現代學人已經一致認爲非柏拉圖之著作。果如賽勒之所言，則流傳後世眞正柏拉圖語錄應只有二十六篇。而其他著作如《手札》及《定義錄》亦經認爲是贋品。

　　但是現代英國希臘學者如格魯特、泰勒和喬維特（Benjamin Jowett）幾乎承認所有現存柏拉圖語錄與手札共三十六篇（十三封手札作一篇）皆是眞的。泰勒在其所著《柏拉圖》一書中曾有如下評論：

目前我們所面對的問題，是否要在三十六篇柏氏語錄中再減去那些被認為是偽造的。在古代已有人懷疑其中有一兩篇是假的。有人認為《亞西比亞兒斯第二》語錄是偽造的。新柏拉圖主義者，柏魯克留斯 (Neoplatonist, Proclus) 直指《伊匹洛密斯》是假的。到了現代疑古風氣大盛，在十九世紀中葉，尤其是在德國，醜化柏拉圖語錄蔚為學者消遣品。阿士特 (Ast) 和賽勒認為《法律》語錄是假的（賽勒以後改變主張），猶柏維格則認為《巴曼尼底斯》、《詭辯家》、《政治家》語錄是偽造的。甚至於有人要把真正柏拉圖語錄減少到九篇。所幸經由堪倍爾 (Lewis Campbell) 對《詭辯家》和《政治家》兩篇語錄悉心研究，並且證明那兩篇語錄應是柏拉圖之所作，於是學風有所轉變。希臘學者普遍同意那三十六篇語錄是柏拉圖的，同時也普遍同意有一些短篇而不甚重要的語錄可能是假的。在後者之中，仍有一兩篇意見不盡相同。非柏拉圖語錄計有：《亞西比亞兒斯第二》、《赫巴丘斯》、《亞馬托勒斯》(Amatores)、《佘亞吉斯》、《克立多芬》和《明羅斯》。至於其他如《亞西比亞兒斯第一》、《伊昂》、《曼尼散勒斯》、《大赫畢亞斯》、《伊匹洛密斯》和十三封《手札》其真假問題大家意見仍然紛歧。❾

泰勒是傾向於支持柏拉圖三十六篇遺著全真的立場。可是在 1961 年「堡靈根基金」(Bollingen Foundation) 所出版，由漢密頓 (Edith Hamilton) 及開英斯 (Huntington Cairns) 主編的《柏拉圖語錄集附手札》(*The Collected Dialogues of Plato, including the*

---

❾ A.E. Taylor, *Plato,* pp.17-19.

Letters) 共收集柏拉圖語錄二十六篇，另附《伊匹洛密斯》、《大赫畢亞斯》兩語錄及《十三篇手札》。而另附之三篇據主編者之意，因此三篇之眞假可疑❿，故附在二十六篇語錄之後。又《十三封手札》爲坡士特（L. A. Post）所譯。其中以第七篇爲最長，關係西西里島希臘殖民地之政權內部紛爭，和柏拉圖三次涉身其中幾遭不測之患。若干希臘學者認爲此篇手札有關歷史事實，諒難向壁虛造，故以其爲眞。其餘較長者爲第八篇，但其內容蕪雜。而其他之十一篇幾俱爲斷簡殘篇。據坡士特判斷其所譯之最後之第一篇、第五篇、第九篇、第十二篇手札皆爲贋品⓫。

六、柏拉圖著作先後秩序問題

治柏拉圖哲學者皆希望：如能獲知柏拉圖寫作之企圖、方案與目的，則對於柏氏哲學之瞭解必可事半而功倍。但就現存柏拉圖三十六篇遺著看來，除去少數短篇尚未完成語錄之外，我們難於循序在語錄之間尋出其哲學發展之階段與結論。後世學者縱然對於某些語錄製作先後有些記載或者暗示，但其可信度值得懷疑。例如亞理士多德一直認爲《法律》語錄在《共和國》語錄之後，而《法律》語錄更接近於現實政治，但是現代讀者於熟讀該語錄後，仍感柏拉圖是在《共和國》中所談之理想政治的園地裏徘徊。他如《辯護》語錄及《費多》、《克里妥》語錄必完成於蘇格拉底飲鴆身亡之後。又依語錄之內容則《猶且茀羅》、《佘阿狄特斯》、《曼奴》、《喬吉亞》及《政治家》諸語錄不應在蘇氏受刑前完成，但是這些語錄究竟在蘇氏死後多

---

❿　Edith Hamilton and H. Cairns, *The Collected Dialogues of Plato*, p. 1516, note on Appendix.

⓫　見❿。

久才完成，我們沒有任何其他歷史資料足資佐證。又有人認爲《共和國》語錄是在柏拉圖第一次赴西西里島以前便應完成，或者說該語錄第一冊應在西曆紀元前 382 年前完成，這些推論都欠缺有力的證據。

談到語錄與語錄之間的關係，是否有兩個語錄是相互依存的？或者兩個或者多個語錄相互關聯成爲一組？我們發現相同對話的人出現在幾個不同的語錄之中，此種情形見於《佘阿狄特斯》、《詭辯家》和《政治家》語錄之間，也見於《共和國》、《迪冒斯》和《克里迪亞斯》語錄之間。我們也發現在某一語錄開端，便申稱：「問題在另一錄中已經加以討論，其討論大義總結如下」等等。例如在《費多》語錄中，曾提到《曼奴》和《巴曼尼底斯》語錄；在《共和國》語錄中，曾談到《菲列巴斯》和《費多》語錄；在《迪冒斯》語錄中，提到《曼奴》語錄；在《酒筵》語錄中也談及《曼奴》語錄；在《法律》語錄中，談及《共和國》和《政治家》語錄。有時候我們雖然發現有兩個語錄相互依存，但是我們無法肯定哪個語錄在前哪個語錄在後。又縱然我們找出某些語錄之間的關係，但是對於柏拉圖製作語錄的動機、目的和計劃，仍然是茫然無知。甚至有人如：阿士特、索喬 (Socher)、檀那曼 (Tennemann) 直認柏拉圖語錄的製作並無計劃和目的，只是他個人「卽興」之作。在不同的時會和興趣之下，把他的人生觀和宇宙觀漫無條理的抒發出來，甚至於和他的哲學信念根本無關。這是後世學者片面之見，不足採取⓬。

大抵根據現存柏拉圖遺著研判：(一)柏拉圖語錄之間有連繫：有的連繫是明顯，有的是暗藏的。(二)柏拉圖語錄有先後之別：有的完成於蘇格拉底受刑之前，有的完成於蘇格拉底死後。(三)柏拉圖語錄

⓬ Eduard Zeller, *Plato and The Older Academy,* trans. by S.F. Alleyne and A. Goodwin, pp. 82-83, notes 86,88.

的寫作風格有變化: 有的堅守「辯證術」(dialectics), 有的只是舖陳個人意見。(四)柏拉圖語錄中主導人有變化: 在某些語錄中, 蘇格拉底是主角, 在另些語錄中蘇格拉底失去主導地位 (在《法律》語錄中蘇格拉底不見了)。(五)有些語錄具有高度戲劇性的描述: 如《費多》和《酒筵》語錄; 有些語錄重在說理: 如《巴曼尼底斯》和《佘阿狄特斯》毫無戲劇韻味。這些差異足以證明柏拉圖未必是刻意要如此, 而是出於柏拉圖哲學智慧之發展。但此項發展既不是機械式的, 更非預爲設計的。例如他對於「理型論」的執著, 見於好多語錄。經過反覆的詰問辯證, 愈見他對於「理型論」的堅持。柏拉圖對於「靈魂不朽」, 對於「宇宙靈魂」的存有, 和對於「感覺經驗所獲得的知識」不信任, 是始終一貫的。所以我們不應因爲柏拉圖對於某一哲學信念在不同語錄中有不同的說辭, 便認爲柏拉圖的文章雜亂無章, 柏拉圖的哲學毫無體系。

　　相反的, 柏拉圖哲學智慧的發展是「有機體性的」(Organismic)。無論其處理任何哲學問題, 無論其見於早期、中期或者晚期的語錄, 無不一一本乎柏拉圖的哲學信念。對於某一哲學問題從不同的層面, 經由意見不同的辯論參與者說出不盡相同的意見。柏拉圖顯然具有高度的文學天才和湛深的邏輯思考的能力, 所以他能完成如此偉大的著作流傳人間, 其影響力至今未嘗衰歇, 且愈見深遠。

　　前文已論及在歷史上已有人區分柏拉圖語錄爲三組, 更有人將柏拉圖語錄分爲九組。施瑞席勒斯 (Thrasyllus) 甚至於認爲柏拉圖發表他的著作時, 便已分爲九組:

　　第一組:《猶且蒱羅》、《辯護》、《克里娿》、《費多》。

　　第二組:《克瑞迪勒斯》、《佘阿狄特斯》、《詭辯家》、《政治家》。

第三組：《巴曼尼底斯》、《菲列巴斯》、《酒筵》、《費卓斯》。

第四組：《亞西比亞兌斯第一》、《亞西比亞兌斯第二》、《赫巴丘斯》、《安賓瑞士迪》。

第五組：《佘亞吉斯》、《夏米兌斯》、《萊采斯》、《納席斯》。

第六組：《猶且昔木斯》、《柏羅泰格拉斯》、《喬吉亞》、《曼奴》。

第七組：《小赫畢亞斯》、《大赫畢亞斯》、《伊昂》、《曼尼散勒斯》。

第八組：《克立多芬》、《共和國》、《迪冒斯》、《克里迪亞斯》。

第九組：《明羅斯》、《法律》、《伊匹洛密斯》、《十三封手札》❸。

施瑞席勒斯分柏拉圖語錄爲九組，其分組的標準顯然是根據語錄的內容。雖第一組四篇語錄內容不盡相同，但都有關蘇格拉底的畢生遭遇。

關於柏拉圖語錄的秩序，我們也應當體認到柏拉圖除撰寫語錄外，並且親自敎導學生。他的語錄可能只是補充讀物。當他和學生的親自交談辯論，發現有辭不達意的時候，方考慮到形於文字，以資參考。有些語錄失諸草率，有些語錄有頭無尾，有些語錄深、淺、疏、密有別，皆因其爲言敎外，補充讀物之故。

在歷史上有人把柏拉圖語錄分爲(一)初步的(二)間接探索的(三)正面說明的。也有人把柏拉圖語錄分爲（一）蘇格拉底的或者初級的(二)詰辯的或者居中的(三)說明的或者創造的❹。又依據希臘學者郝曼（Hermann）的悉心硏究，得知柏拉圖第一階段的語錄完成在蘇

---

❸　見❷ pp. 97-98, footnote 14.

❹　見❷ pp.100-101, note 24. Schleiermacher's divisions.

格拉底生前及死後不久。那些語錄保持蘇格拉底的作風，主要是辯論式的，很膚泛的觸及若干哲學問題，既不深入又不完備。第二階段的語錄據郝曼的推斷說是柏拉圖在蘇格拉底死後匿居密加瑞時，受了當地「伊里亞學派」（Megara-Eleatic）的影響，所寫下的一些缺乏活力，而又內容枯燥的語錄。郝曼的推想可能缺乏事實支持：實際上密加瑞和雅典的距離極近，只有不到十公里（三英里）的距離，如此短距離未必對柏拉圖發生巨大的影響。又當時留居密加瑞的據云有幾何學家歐幾里德，也有人說密加瑞聚集了若干畢達哥拉學派的人。究竟柏拉圖在密加瑞居住多久，曾和哪些哲學家有來往，皆無任何線索可考，任何說法皆是後世學者猜測而已。又郝曼認爲《辯護》、《克里妥》、《喬吉亞》等語錄是由第一階段轉入第二階段的語錄，而《猶且莆羅》、《曼奴》、《大赫畢亞斯》是近乎第二期著作，只有《佘阿狄特斯》、《詭辯家》、《政治家》和《巴曼尼底斯》語錄算是眞正的第二階段的著作。實際上上面所舉語錄之間，其主題及其呈現的風格，有很大的差異。如何能把這些語錄歸納在某一段落？至於郝曼所舉第三階段的著作包含《費卓斯》（郝曼視爲是柏拉圖在雅典開辦學院第一篇講稿）、《曼尼散勒斯》（據云此一語錄乃《費卓斯》語錄的附屬篇）、《酒筵》、《費多》、《菲列巴斯》各語錄，在郝曼看來皆是比較思想成熟的著作。再加上《共和國》、《迪冒斯》和《克里迪亞斯》，最後殿以《法律》語錄，在郝曼看來在第三階段的語錄皆是柏拉圖的精心傑構❶❺。

　　除郝曼以外，幾乎在歐美每一希臘學者對柏拉圖語錄各有一套分期或者分類法。而各人的分類法所持的標準不盡相同。本文作者認爲討論柏拉圖語錄的內容，語錄間相互關係，和語錄先後秩序等等問題，

---

❺　Hermann, *History & System of Platonie Philosophy*, p.397.

我們要避免兩項極端：一是認爲三十六篇語錄完全出自柏拉圖所預設的方案，其深淺有別，先後有序，使柏拉圖哲學獲得充量的發揮而無憾。另一派認爲三十六篇語錄皆是柏拉圖因應環境、抒發意見、「卽興」之作，旣非出自通盤計劃，其相互之間亦無明確關連。實則就此三十六篇語錄而論，柏拉圖的哲學智慧深受乃師蘇格拉底之影響，應無庸置疑。其間直接受當世其他學派如畢達哥拉學派、巴曼尼底斯學派、柏羅泰格拉斯學派乃至於詭辯家之挑戰而有所反應，在語錄中亦斑斑可考。最重要的是柏拉圖個人的心靈發展：由單一的到雜多的，由個別的到綜合的，由局部的到全體的，由具體的到抽象的，在語錄之間確可找出其演變的痕跡。假如我們從柏拉圖的師承、柏拉圖所居之時代、和柏拉圖天才稟賦，三方面同時用來考查柏拉圖之著作，庶不致流於武斷偏執。

蘇格拉底在柏拉圖語錄所居地位是見於每一個語錄。在《法律》語錄中雖不曾提及蘇格拉底，但是其中三人對話中的雅典人，顯然暗指的是蘇格拉底。又蘇氏雖見於每一語錄，但是在某些語錄中蘇氏居於主導的地位，在另些語錄如《詭辯家》、《政治家》和《迪冒斯》語錄中，蘇氏失去主導的地位。同時在蘇氏作主導的語錄中，有些語錄的主題比較簡單，最主要的興趣集中在「道德的探索」(ethical enquiries)：例如何謂「品德」(virtue)？「品德」與知識之關係？品德是多元的或者是統一的？這些問題在早期的簡短的語錄中佔相當沈重的份量。又這些語錄描寫很生動，且充滿戲劇性的對話，但缺乏科學的或者哲學的嚴肅性和系統性。這一類語錄應包括《小赫畢亞斯》《納席斯》、《夏米兌斯》、《萊采斯》、《柏羅泰格拉斯》、《猶且莆羅》、《辯護》及《克里妥》。在每一語錄之中不僅蘇格拉底居於主導地位，並且其內容代表蘇氏的哲學信念。又以上語錄中探索的

方法相當粗糙，缺乏精審的論證，同時也很少觸及柏拉圖逐漸開展的「理型論」，更未觸及柏氏的「靈魂不朽」及宇宙靈魂作爲最後因的信念。所以這一類語錄應當完成於蘇格拉底在世之時及死後不久。其中《柏羅泰格拉斯》、《克里妥》和《辯護》語錄可能是完成在蘇格拉底死後、柏拉圖赴埃及旅遊之前。加上《萊采斯》、《夏米兌斯》、《納席斯》三個語錄，這些語錄共同企圖生動的描繪乃師蘇格拉底的言行。不過當時柏拉圖年輕，愛好當時文學風尙，採用過份的劇情想像，對乃師蘇格拉底的言行可能有誇大失眞之處。本文作者認爲柏拉圖以對話語錄體裁發表嚴正的哲學思想，使今人有匪夷所思之感。但是假如我們體認到當柏拉圖二十歲左右的時候，正是劇作家伊士奇勒斯 (Aes-chylus, 525-456)、騷弗克里斯 (Sophocles, 496-406)、猶里披特斯 (Euripides, 480-406) 和亞里斯妥范尼斯 (448-380) 在文壇上活躍的時代，當時悲、喜劇的演出具有深遠教育的功能。於是柏拉圖企圖用當時流行的對話文體，以乃師蘇格拉底爲主角，討論道德人品、理型世界 (價値世界) 及「靈魂不朽」，使讀者也能發生感化說服的功能。

　　他如《喬吉亞》、《曼奴》、《佘阿狄特斯》和《猶且昔木斯》四篇語錄，鑑於語錄道及當時在雅典所發生之事端，可能完成在蘇格拉底死後若干年之間。就其內容而言，柏拉圖的「理型論」的理論基礎，與柏氏「憶前生」(anamnesis) 理論相關聯的「靈魂不朽」論，在以上四語錄中都有論及 (賽勒以爲柏氏的「靈魂不朽」論來自畢達哥拉學派。作者認爲可能受北印度婆羅門敎及小乘佛敎影響)。在這四篇語錄中，柏拉圖已經將蘇格拉底的主題擴展到討論更普遍的道德原理，並且關切不同知識的統一性，與人的品德的可傳授性。柏氏顯現企圖在建立他自己哲學體系。

　　在《克瑞迪勒斯》、《詭辯家》、《政治家》和《巴曼尼底斯》語

錄中,柏氏的哲學理論已略現輪廓。在《政治家》語錄中, 論及永恆不變的神明界和遭受間歇性變化的世俗界。在世俗界個人靈魂轉世機會受了限制,除非那靈魂爲追求高尙的價值享受高度的存有。在《克瑞迪勒斯》語錄中, 柏氏重申世俗生活近乎「煉獄」(a state of purification),而「靈魂不朽」的意義便是在追求那些永恆不變的理型價值。在《巴曼尼底斯》語錄中, 柏氏把一與多、奇數與偶數、有限與無窮的對比, 做了一番討論。這些討論可能在當時是最流行的消遣,不一定是由畢達哥拉學派所發起的, 一般詭辯家也感興趣。正如中國春秋時代末期(西曆紀元前四世紀、 五世紀)正當孔、 孟、荀和老莊致力於「形上」、「形下」之討論, 另有人在爭辯「卵有毛」、「鷄三足」、「矩不方」、「規不可以爲圓」、「一尺之捶, 日取其半, 萬世不竭」等等。在《 政治家 》語錄中, 柏氏對於 「平均數」(mean) 和「無限制」 等觀念再加研討, 此類討論皆應屬於柏拉圖建立「理型論」中之部份, 非當日畢達哥拉學派和詭辯家的爭論的吊詭說辭。

談到《費卓斯》語錄在柏拉圖思想體系中居於如此地位, 其重要性不亞於《酒筵》、《共和國》、《迪冒斯》及《法律》語錄。鑑於在該語錄中柏拉圖的「理型論」、「靈魂不朽論」、「靈魂轉世論」、「愛取追求崇高理型,入於心醉神迷的精神境界」, 一一皆有生動而引人入勝的描繪。因此我們將此一語錄置於《喬吉亞》、《曼奴》、《猶且昔木斯》、《克瑞迪勒斯》、《佘阿狄特斯》諸語錄之後,就柏氏思想發展著眼,實不爲過。但是在《費卓斯》語錄中柏拉圖表達他的哲學信念,尤其是他的有關靈魂的理論, 大都訴諸神話。這似乎與在早期語錄(蘇格拉底語錄)中柏拉圖探究科學方法、力求訴諸理性的態度不牟。可是一旦我們審察柏拉圖重要的語錄如《費卓斯》、《酒筵》、《迪冒斯》無不插入若干神話。現代學人誤解科學, 把神話當作是反科學的、非理性

的，　殊不知古代哲人從「全體」（totality）看宇宙人生，　不把分殊科學之理論當作是眞理，所以柏拉圖和亞理士多德不排斥古代希臘傳統神話，他們只是有選擇地借以說明那些暫時不能用理性加以解釋的事件。

在《費卓斯》語錄中，充份展露出柏拉圖綜合文學天才與哲學智慧的才能。此時柏拉圖已經脫離乃師蘇格拉底思想的束縛,向建立他自己思想體系邁進了一大步。　但是距離他建立了自己的宇宙論（cosmical theories)尚有一段旅程。與《費卓斯》有相似功能的尚有《喬吉亞》、《曼奴》和《佘阿狄特斯》語錄。這三篇語錄中柏拉圖也或多或少披露他自己的思想途徑，　這些語錄應在《費卓斯》之前後完成。這四篇語錄無疑的是在蘇格拉底去世後完成的。

依據希臘學者賽勒的考據，柏拉圖三十六篇語錄，當然有其先後秩序。雖然關係每篇語錄完成的年月無法肯定，但是在大體上可以推論：

在這一批語錄中《費卓斯》完成較早，繼之以《喬吉亞》和《曼奴》。而《喬吉亞》與《曼奴》兩語錄中所討論的主題與《柏羅泰格拉斯》語錄接近。根據《曼奴》語錄中所涉及當時時事可判斷該語錄應完成於西曆紀元前395年之後；《佘阿狄特斯》語錄的主題與《曼奴》語錄的主題相關聯；在《曼奴》語錄中「品德是否是知識」的問題代替了「品德是否可傳授」的問題，又該語錄中已先承認「有品德的行為應出自正確的意見」；在《佘阿狄特斯》語錄中，知識與意見間之關係成為討論的主題。由此看來《佘阿狄特斯》語錄完成的時間應接近於《曼奴》完成的時間。　又該語錄完成時間應在佘阿狄特斯在

「科林多戰爭」(Corinthian War) 期間因病返回雅典之時。
「科林多戰爭」發生在西曆紀元前 394-387 年，所以我們推想
《佘阿狄特斯》語錄應完成在紀元前 368 年。……《詭辯家》
語錄與《佘阿狄特斯》語錄相關聯，在《佘阿狄特斯》語錄收
場時，曾提到那同樣性質的問題（指「品德與知識之關係」及
「知識與意見之差別」）將再獲得討論。緊接著的是《政治家》
語錄，在《詭辯家》與《政治家》兩個語錄中提示對「哲學
家」這個概念要作第三次討論，但是柏拉圖不知何故，不曾實
現這個志願。……《詭辯家》與《政治家》語錄恐皆完成於柏
拉圖第一次去西西里島之前。又《巴曼尼底斯》語錄涉及《詭
辯家》語錄，而《菲列巴斯》語錄則涉及《巴曼尼底斯》語
錄；又《菲列巴斯》和《政治家》語錄必然完成在《共和國》
語錄之前。上舉那些語錄的秩序雖然不能十分肯定，大概可能
是如此。又《猶且昔木斯》和《克瑞迪勒斯》這兩篇語錄雖屬
於上舉語錄羣，但其秩序無由確定。《酒筵》語錄在柏拉圖著
作中居於中心地位，其完成可能在西曆紀元前 384 年。在《詭
辯家》和《政治家》兩語錄都曾提及一個有關一位理想的哲學
家的概念，在《酒筵》和《費多》兩語錄中，這位理想中哲學
家獲得無與倫比的描繪。在《酒筵》語錄中，描繪那位哲學家
在世時如何生活，在《費多》語錄描繪那位哲學家如何面對死
亡。又《菲列巴斯》語錄的完成顯然在柏拉圖的《共和國》與
《迪冒斯》完成之前。……這兩篇語錄不可能是在柏拉圖最後
一次在西西里島遭受苦難後才完成。《共和國》語錄應完成在
柏拉圖第二次去西西里島之前，約當西曆紀元前 370-368 年。
《法律》語錄如亞理士多德之所言是在改變柏拉圖在《共和

國》語錄中所立的制度，所以應完成在柏氏第二次去西西里島從政失敗之後，或者是在柏氏最後一次去西西里島之前，約當西曆紀元前 361-360 年。 又關於《共和國》語錄現代希臘學者有種種異說：有人說《共和國》語錄的完成經過柏拉圖長年思考，所以其內容分期出現。又有人把《共和國》語錄第一篇和最後一篇和其餘分開（《共和國》語錄共十篇）。 又有人說柏拉圖對《共和國》語錄加以刪訂。這些主張一一欠缺實際證據，只是假說而已。 ❻

　　賽勒的推論誠然有其內在的根據，但若指明某一語錄應完成於某一年中， 則難免於證據不足涉嫌武斷。 我們似應聽取柏拉圖自我表白，他曾說：「我永遠不會爲我的哲學思想作任何說明， 因爲在根本上哲學智慧或科學眞理不需要加以任何說明。一旦一個人從事於哲學求眞的工作久了， 自然會從他的靈魂深處冒出火焰， 那火焰繼續燃燒，光明便擴大照耀」。 ❼

❻　Eduard Zeller, *Plato and The Older Academy,* pp.128-143.
❼　Plato, *Epistles VII,* 341 c-d見❿ pp. 1588-1589.

第二章　柏拉圖理型（觀念）論

引　言

　　在西方哲學傳統上講到柏拉圖主義指的便是柏拉圖的理型論（觀念論），　講到亞理士多德反對柏拉圖，指的也便是亞氏對柏拉圖的理型論的批評。但是柏氏理型論的眞實含義何在？柏氏採用理型論企圖解決什麼問題？理型論的哲學目的何在？亞氏對於以上問題提供了一些普通的答案。據亞氏所說，當他年齡尚幼時，柏氏受教於克瑞迪勒斯，採取了海拉克萊特斯的「變動不居」論 (Heraclitean mobilism)。並且主張感覺的對象永遠在流轉變化中，所以不足以提供眞正的與材，供科學研究。於是柏氏獲得了一項結論：認爲假如有所謂科學，而那一項科學有確實的研究對象，於是那科學研究必能提供智慧。凡能提供智慧的科學，　它的研究對象必異於感覺的對象，　應該是永恆不變的。

　　審查理型論的來源，我們讀一遍柏氏語錄便得略知一二。但是要對柏氏理型論獲得澈底的瞭解，除在表面上的認知外，我們必須要深入探討其最初的起源和其最終的開展。柏氏理型論在其發展的過程中涵蓋了三項功能：

一、認識論的功能 (epistemological function) ── 知識的基

礎。

　　二、價值論的功能 （axiological function）── 價值與道德生活的基礎。

　　三、宇宙論的功能 （cosmological function）── 作爲有秩序可認知的宇宙的基礎。

壹　認識論的功能

一、感覺對象與認知對象

　　爲了說明科學研究不應該降爲感覺作用，佘阿狄特斯在語錄中努力證明感覺對象是經常變動不居的，不足以作爲科學研究的對象。在《費多》語錄中也把思想的對象和感覺與材做強烈的對比。後者經常在變動之中，而前者（思想的對象）是固定的，提供了知識的決定性。談到感覺與材,它們不僅是變化多端的,並且是前後不一致的。至於感覺印象也因人而異，對某人來說是甜的、熱的、輕的，對另一個人來說是苦的、冷的、重的。這種差異不僅出現在感覺性質上，並且見於視覺的表象上,例如有關物件的形狀、大小等等。同樣的東西因爲觀看主體而有大小同異之別。又同一主體觀點不同，那件東西也會發生大小同異之差。例如在《費多》語錄（102b, c）中曾說過謝米亞斯（Simmias）比費多矮小，但是比蘇格拉底高。在《佘阿狄特斯》語錄（154c）中曾說過六個骰子比較三個骰子多出了一半，但是比較十二個骰子則又少了一半。談到感覺的性質，它往往是相對的而非絕對的。

　　但是談到「關係自身」（relation itself)，例如「相等」的關係

或者「單一」與「重複」的關係一經界定以後，便永無更改，因爲它們的意義已經確定了。否則不然的話，那些關係便使人無從索解了。談到關係顯然不是從感覺得來。譬如「相等」這個觀念（idea of equality）不是由比較兩個相等的線得來的。因爲如費多所說（見《費多》語錄 74d-75a），感覺對象之間沒有絕對而又完全相等的，同時費多又指出，假如不是因爲我們事先已有「相等」這個觀念存在心目之中，我們也無從發現兩個極端相等的東西。「相等」是一種關係，而這種關係不同於感覺印象，關係不是由外在提供的，而是由思考所得，這便是那理由——爲什麼我們說關係是可以理解的。但是這項理解不必依靠感覺與材，因爲感覺與材需要靠理解的關係來決定它們。所以我們可以說那些可理解的關係是先乎經驗的（a priori），依靠我們心靈去捕捉的。柏拉圖不曾詳細告訴我們說那些可理解的關係是先乎經驗的，但是根據他的「記憶論」（theory of reminiscence）我們可以間接推而知之。可理解的關係與感覺印象不是同時並起的，同時那關係也不被包含在感覺印象之中，所以也便無從由感覺中抽取出來。但是當感覺知覺發生時，我們想到了或者追憶到那些可理解的關係（見《費多》語錄 74c, 75e）。從我們自己心目中推出了那可理解的關係，並且參照那可理解的關係，我們決定了感覺印象是什麼東西（見《費多》語錄 75b）。

雖然當感覺印象發生時，可理解的關係方被認知。同時利用那些關係來決定那印象是什麼東西，可是可理解的關係自身迥然與感覺印象不同，它具有先驗的特徵。可理解的關係與感覺印象的對立充份表現在「柏拉圖主義」（Platonism）之中，當柏拉圖提供可理解的世界以別於感覺世界的時候，顯然可理解的世界比較感覺世界更爲眞實（見《費多》語錄 79a）。從柏拉圖主義終極發展看來，可理解的世

界乃是「感覺世界的基型理念」(the archetype of the visible world)。換言之，感覺世界是依於理解世界被創造出來的（見《迪冒斯》語錄 28a，29a，30c,d）。因之柏拉圖的理型論取得了一項宇宙論上意義。聖多默士（St. Thomas）曾經說過，假如假設理型的存在，便無異宣佈宇宙的存在既非出於必然，亦非來自偶然。宇宙的存在是具有目的的，其存在是依據一項方案，並且其本身具有智慧。目前我們先從理型論在認識論方面的意義加以說明：宣稱理型的存在便無異宣稱知識有固定的對象的存在，以別於感覺印象的變動不居。假如以變動不居的感覺印象為基礎，我們無法獲得真實可靠的知識，但是我們或許獲得一些意見（如佛學上所言之「執見」），那些意見可能被認為是真的，而實際上可能是假的。沒有確實的知識便沒有科學，科學必須要有理性證明，科學研究必須應用在那得自先乎經驗的「理想的對象」(ideal objects) 上，譬如像數學所研究的對象。因為可理解的世界與感覺的世界之間的對立，於是產生兩種不同的認知：一是基於感覺印象的普通意見，一是建築在先乎經驗的理型上的知識，只有這種知識方可稱之為「科學」而無愧（見《迪冒斯》語錄 28a）。

二、意見與科學

在《共和國》語錄第五冊的末尾，正在討論到一國統制者所應受的教育時，語錄轉移了論點，趨向於討論知識和存有問題，這個問題成為第六冊和第七冊的內容，並且利用「太陽、線索和石洞的寓言」(allegories of the sun, the line and the cave) 加以明示。而蘇格拉底首次將意見和科學加以區別。蘇氏認為認知具有兩種不同途

徑，在性質上兩者固然不同，在價值上也不相等。意見是可眞可假的，而科學是常眞的。科學之眞出於定義，同時其性質也是如此。科學合乎理想中的美滿知識，而「假科學」(false science) 這個名稱是自相矛盾，它必然不是科學，而是「僞裝科學」(pseudo-science)。蘇格拉底據以推論，謂「意見」與「科學」旣是互不相牟的兩種知識形態，而它們的對象也必迥然不同。因此，原來由兩者的對象的不同、或者由兩種存有的形態的不同，再經由對知識的考慮、或者經由對兩種認知形態的考慮，推論到本體論上的不同。換言之，先有認識論的差別，後有本體論上的差別。由思想問題推及存有問題，這是柏拉圖式理型論方法的應用。

　　上面的論點在《迪冒斯》語錄中獲得了證實，在該語錄中曾經提出了以下問題：究竟我們應當不應當承認「理型」也是構成宇宙的單元 (entities)？

　　《迪冒斯》語錄 (51c) 有以下語言：

　　　　是不是只有我們所看見的，或者推而廣之，是不是一切由我們感
　　　　覺所知的，方具有真實性？除去感覺所知以外，別無其它東西
　　　　存在？假如肯定每件東西的「認知形式」(intelligible form)
　　　　也是存在的，是不是等於說空的東西也存在？或者是不是「認
　　　　知的形式」只是「假名」(name) 而已？

　　換言之，我們能根據什麼理由承認「認知的眞實性」(intelligible reality)？其解答如下：

　　　　縱然假定「理解」和「眞的意見」是不同類的，但是我們必須

要承認它們兩者認知的對象和認知的形式俱是存在的，雖然前者「認知的形式」只能心領神會，而不能由感覺察知。或者，如某些人以為真的意見和「理解」並無差別，如果如此，則由感官所認知的對象，較諸理解的對象，必然居於具體而又堅定的地位。

這項「雙料假設程式」(the double hypothetic formula) 作為是一種方法來解決問題，一方面由知識問題轉入了存有問題，也便是由認識論轉入本體論。從認識論立場來說，「科學」和「意見」這兩者的不同是無法避免的。

《迪冒斯》語錄 (51d,e) 有以下說辭：

我們必得承認「理解」與「意見」屬於不同種類的，因為它們的來源不同，並且它們的特徵也個個不同：前者出於師教，後者出於說服〔前者經由邏輯的論證，後者經由心理的影響〕；前者順乎理，後者未必順乎理〔科學涵攝理性，因理性而證實，故科學知其自身之價值〕。為此，「科學」與「意見」對立時科學獲得證明〔因為科學奠基於理性上〕。而意見可能與理性相傾軋。最終我們必得承認意見可能是人人所共有的，而理解是上帝與極少數人所共享的。

三、理型與記憶

科學研究的目的何在？作為是一項知識，科學是不是具有確定性和無庸懷疑性，因為它是以理性為依歸的？除開以理性為依歸外，科學研究是不是以數學知識為理想的目標？且看在算術上的數目和幾

何學上的形狀不可能把它們減化爲經驗的集合或者感覺的現量，所以數學知識是純理性的，具有確定性和無庸懷疑性。幾何學上的形狀，是根據點和線之間關係加以界定的：例如圓，其半徑相等；正方形，不僅邊邊相等並且互成直角。數是由單位組成，而單位正和關係一樣並非由外在所提供的，因爲它是不可分割的，所以是不可見的。凡是由外在所提供的東西皆可加以分割，至少在我們思想中皆可加以分割。單位是由心來定位的 (posited by an act of mind)。任何數量都可把它作爲是一單位加以處理，但它不是絕對的單位。所謂一個數只表達某個數量的關係，因爲我們把那個數量當作是單位。假如把某一數量加以分割（這是經常可行的），因爲單位自身是不可分割的，所以分割的結果，只是關係照比例地在增加，而我們所得的是另一個數的單位而已（參看《費多》語錄 96e-97b 及《共和國》語錄 VII, 525d,e）。因此，假如單位與關係不能被簡化爲感覺與材，同時假如單位與關係只是先乎經驗的概念，則一切數學的對象 —— 數與形狀 —— 皆出自先乎經驗的認知，具有完全的確實性，因爲數來自單位，而形狀來自點。而點者，誠如亞理士多德所說：「單位獲得定位謂之點」（見亞氏, *De Anima,* 1, 4, 409a,b）。數學的對象 —— 數與形狀 —— 是全然可知的，因爲它們是我的思想的產品；在我的思想之外，它們可能並不存在。無論如何它們不必需要在自然界存在，和在我們感官經驗世界中存在，因爲它們先乎經驗而被知。縱然在現行世界裏不曾有眞正的圓和三角形的存在，可是有關這些幾何形狀的性質將是永恆的眞理。因之，數學的理想對象具有相互對立的特徵。笛卡爾 (Rene Descartes, 1596-1650) 曾經說道：

在一方面我體認有關數、形狀、運動、和其它相似的事物具有

無窮無盡的特徵，其真實性好像具有許許多多證據，同時又和我的自然本性訢合無間。可是在另一方面，當我們開始發現那些事物的特徵時，我便發覺到我不曾學得什麼新東西，相反的，我是在回憶我從前所已經知道的。好像我知道那些已經在我心中的東西，雖然我從前不曾注意到它們。（見笛卡爾《默想集》 *Meditation V-ed. Adam-Tannery IX, 50-51*）

在某一方面當我考慮數學思想內容時，我發覺我對於數學的對象具有完整的知識，好像是從我自己抽取出來的，又恰好和數學對象的理型性相符合，在在足以說明數學知識具有先乎經驗性。因此柏拉圖建立了他的「記憶論」。在另一方面數學上理想的對象具有其必然的性質：例如它的存在不依靠我知道或者不知道它，並且它具有力量訴諸任何求知它的人。這些理想的對象除我心中以外，未必在他處存在，但是它們不是唯心構造的，它們具有其眞實而又不變的性質。笛卡爾曾說：「例如當我想到三角形時，雖然除在我思想中外，它並不存在，可是它具有永恆不變的某種性質、或者某種『形式』(form)、或者某種『自性』(essence)。那不是由我而發明的，更不是依靠我的心而存在的。」（笛卡爾《默想集》p.51）。

數學對象具有相互對立的兩種性質，這也便是柏拉圖的理型所具有特性。理型照柏拉圖的說法便是可理解的對象。理型是先乎經驗的，在內心深處我們發現了它（記憶論可證明此點），但是同時我們又認爲它是獨立而不依靠心而存在的。理型不是我們思想的變形；它是加諸我們思想上的「眞實體」(reality)（見《巴曼尼底斯》語錄 132b,c 及笛卡爾《默想集》 *ed. A.T., VII, 40*）。柏氏的理型並非一項心理狀態，而是一項本體性單元。關於這一點在區分可理解

的世界和感覺世界上，理型是構築可理解的世界本體性的單元。雖然說來是如此，但是理型與認知主體是相互對立的，這是無從否定的事實。法國哲學家梅萊伯郎卡 (Nicolas de Malebranche 1638-1715) 說道：「理型對我們提供一種阻力（一）正好像可感覺的事物所提供的阻力一樣」。「我假定你家的地板對你提供了阻力。可是你可知道你的理型對你也提供了一種阻力（二）譬如在圓周中你找不到兩個不等的半徑；在橢圓形中你找不出三個相等的半徑；你既找不出 8 的平方根的值，你也找不出 9 的立方根的值。」（見梅氏《形上學論著》 *Entretien sur la Metaphysique* 1,8）。他和笛卡爾一樣認爲我們的理型是永恆的、不變的、必須的。也正如聖奧古斯丁 (St. Augustine, 396-430) 所說的在「精神世界」(incorporeal world) 裏，可理解的對象直接訴諸精神 (the spirit)，在空間可見可觸的事物直接呈現於感覺器官。

四、「內在性」(interiority) 與「客觀性」(objectivity)

雖然理型具有「內在性」與「客觀性」這兩種對立的性質，但是這兩種性質是互相關聯的，並且相互依存的，缺一不可。反對理型論的理由且以亞理士多德爲例，只從理型的「客觀性」著眼，認爲它是分離的單元，有別於感覺對象，居於認知主體之外，所以是外在物。這類理型實在論認爲理型超越乎事物之上，居於思想之外，純是比譬說辭，藉以表示其「客觀性」。實際上須要另一項比譬說辭 —— 記憶的理論 —— 來表示其「內在性」。理型論的目的是在藉以解釋「眞理的知識」(the knowledge of truth)，理型乃理性知識的對象，它必然是眞的。剛好與感官知識成對比而感官知識成爲「意見」，意見

可眞可假。假如把理型當是眞實單元， 以別於通常事物， 居於心之外，則知識變成不可能了。在《巴曼尼底斯》語錄中，柏拉圖提起了上面的問題，作爲他反對那種理型論的理由。

在那語錄中柏拉圖曾追問道：假如理型是全然有別於其他事物，則我們如何由理型〔卽佛學中所言之「名相」〕以認知那些事物（見該語錄 132a)？同理， 假如理型是在心之外的眞實單元， 則心如何能捕捉那些理型（見該語錄 133b-134c)？ 前者的困難使「數學物理學」(mathematical physics)成爲不可能，因爲將數學應用之於自然界 —— 感覺世界 —— 我們得不到理性的知識。後者的困難使純粹數學成爲不可能，因爲除去了理型，我們無從獲得理性的知識。

假如對於「記憶」這件事加以考量的話， 我們便可解決了前舉的兩項困難，理型是眞實的，不因認知的主體而有所變，但是它是一種「理想的眞實」(ideal reality)，思想可以加以認知，並且是思想所構築的。 它是靈魂尚未受身前所默誌的 (previous existence) 一項決定性的永恆眞理。理型存在於其先乎經驗的（「先天的」—— 宋儒）原始狀態之中，在世間由於感官與材而被記起（見《共和國》語錄 X, 611d；又《迪冒斯》語錄 90d)。爲了化解理性主義的執著，「記憶」二字不能照字面加以解釋。聖奧古斯丁曾說道，我們不必先承認靈魂在前世已經存在，再藉以解釋「記憶」。例如在《曼奴》語錄所談蘇格拉底教授曼奴 —— 一個奴隸，在當時希臘人不承認奴隸有靈魂 —— 以數學的故事， 不過藉以說明數學知識具有先乎經驗的特徵而已。 那些人說靈魂在它的前生曾居於理性世界之中， 默想著全部的眞理（參看《曼奴》語錄 81d,e)， 如此說法只是解釋眞理披露給我們是經由其內在性。蘇格拉底在《費多》語錄曾經說道：「只有進入靈魂深處並且離開感覺世界， 靈魂方能認知眞理。」（參看《費多》

語錄 79c,d）。

　　所謂離開感覺世界並非是把靈魂陷於主觀夢幻之中，相反的，愈進入靈魂深處愈能和永恆的價值相結合，明見眞理的招喚。因爲靈魂深處充滿了超越的光亮，所以這一項「內在性」又名之爲「客觀的內在性」（objective interiority）不可與「主體性」混爲一談。只經由「內在性」，眞理方披露於吾人 —— 此乃「記憶」論所已表達的 —— 可是「內在性」披露了超越時空性，因此雖然理型不居於思想之外，但是它不能減化爲我們心理的變化，因爲它傳達了「客觀的眞實」（objective reality）。理型的客觀層面表現在理性的眞實性上，也表現在把理型作爲單元，以別於認知的主體。理型同時具有其「內在性」與「客觀性」，在想像上似乎互不相容，可是在反省思維上，則兩者可共存共榮而不必相互矛盾。只有出乎先乎經驗的宿慧，眞理方被認知。其客觀的表達要經由可理解的關係，再經心靈活動，加以構築。受了超越現實界的迫切需求 —— 換言之，爲了追求眞、善、美、聖諸般價值 —— 我們從事於理知的活動。那些活動好像是在神聖光照之下，而發展了內心超越的追求 —— 換言之，我們理知的追求是參照了那超越現世的理想 —— 柏拉圖在《費多》語錄中一再指認靈魂與永恆或者與神聖是「同一性質的」（connaturality）（見《費多》語錄79d；《共和國》語錄X，611e）。

　　就「記憶」理論而言，足以解決理型論所遭遇的重大困難。理型不是憑空而降，記憶可以捕捉理型，加以儲藏。因之我們得知「客觀的知識」如何由先乎經驗而來；同時得知純粹數學如何可能。同時「記憶」理論也可能幫助我們解決另一困難問題：究竟理型如何幫助我們取得有關感官世界的知識？當我們深究在《費多》語錄中所談「記憶」如何發生時，便使我們瞭解爲甚麼「應用數學」和「數學物

理學」是可能的。我們知道理知的關係，或者理型不是由感覺與材中抽提出來的；我們知道它是由心靈中流露出來的，理型是自己的財富（見《費多》語錄 75e）。笛卡爾也曾說過理型是由心靈寶庫中取出來的（笛卡爾《默想集》*A.T., VII*, 67, 21-22）。但是理型的知識不是準備在心中，隨時隨地可與可求。它雖然存在於前生，但是久已拋諸腦海，需待感覺經驗加以喚醒。在《費多》語錄中蘇格拉底說過，譬如「相等」（equal-in-itself）這個理型（觀念）除非我們經由看見它、接觸它，或者其它知覺方面獲知，否則我們無法取得它。如此說來，蘇氏好像是反對理型的先驗性。事實上，蘇氏所否認的是把「先驗性當作是必然天生的」（a priori must be actually inborn）。笛卡爾和萊伯尼茲（Leibniz, 1646-1716）皆反對把先驗的理型（觀念）當作是天生的。萊伯尼茲曾經說道：

> 我們不應當以為對於我們心目中理性的規律的認知，正好比閱讀報章雜誌那樣容易；或者好比讀行政長官所寫的公共告示那樣明白清楚；事實上在我們發現我們心目中理性的定律之前，歷經艱苦困難，需要很大的努力和注意，而感覺認知提供了我們那種發現的機會。（見萊氏, *Nouveaux essais sur L'entendement humaim*, Avant Propos, *V*, 43）

五、數學和經驗

　　不僅在《費多》語錄中談到先驗的理念需要感覺經驗來喚醒它，在《共和國》語錄中更有很顯明的文句，解釋在何種情況之下先驗的理念被喚起（見《共和國》語錄 VII, 523d,e）。感覺知覺最通常的

對象莫過於手之五指，人人認識之而毫無困難。但是假如有人要求知道每一手指的長度，我們勢必要加以比較，要訴諸思考，要尋找其間的關係，而關係必須要經由理知方能瞭解。同樣情形，我們當下便能分辨不同的感覺而不致於混淆。譬如觸覺似乎是比較含混的，例如軟硬的感覺不會和冷熱的感覺相混淆，也不會和輕重的感覺相混淆。在每一項感覺對比中有兩個極度、兩個對立。同樣的東西可能是冷的或者熱的、硬的或者軟的、重的或者輕的，這要依照主觀的處境和相比的條件而定。所以說我們要訴諸於關係，方能正確的決定感覺的印象（見《共和國》語錄 523b-524d）。因此我們體認到感官印象不僅提供使我們回想的機會而意識到那可理解的關係，並且因為那可理解的關係，我們可客觀的決定感覺的性質。

　　我們知道可理解的關係並非來自感覺經驗。所以數學知識不是由經驗中得來，它不是經驗的，它是先驗的，但與經驗有關。數學真理是獨立於經驗之外，但是假如沒有經驗的刺激，我們將無由獲知數學真理。假如認為圓的理型（觀念）是由於觀察和比較圓的東西所得來，這便錯了。假如說看了那些近乎圓的東西以後，從內心中形成了圓的理型（觀念），並加以界定說圓半徑相等，這是根據於它的先驗的特徵。圓的理型並不是一項抽象的觀念，它是一個先驗的概念，一個理想的標準（ideal standard），使我們藉以對於那些近乎圓形的加以判斷。依同理，相同的理型（觀念）也是如此，它只是理想，而非由觀察經驗中得來，但它使我們對於那些近乎相等的東西能加以判斷（見《費多》語錄 74e-75a）。談到「圓」和「相等」這些關係如此的確實，足以證明那些數學上的理念具有先驗的特徵。假如說我們要依靠經驗去發現那些數學理念，其原因不是因為經驗提供其模型，倒是因為經驗上遭遇到問題，使我們不得不構築那些理型來解決

那些問題。

　假如理型或者觀念誠如柏拉圖所言是一項可理解的關係，藉以使我們解答感覺印象模糊不清之處，則我們便容易瞭解理型如何足以使我們客觀的決定感覺現象的眞僞，並且如何構築物理科學。柏拉圖根據了他理型論的原則，區分「意見」和「科學」。他一再聲稱依據感覺經驗不可能建立科學，這一項申稱具有以下各項意義：（一）感覺知覺之所得並非科學，（二）只根據感覺知覺，換言之，只是比較感覺印象，我們無法確定客觀的判斷，（三）感覺知覺的經驗不足以獲得科學知識的精確性。如此則我們的知識不曾脫離意見的層次，而意見只是意見，說不出道理來，所以它的價值一逕是在存疑之中（見《曼奴》語錄 98a）。在蘇格拉底之前，希臘物理學家爲了瞭解自然和尋找事物變化的起因，於是各抒己見，構築了相互牴牾的理論而互不相讓。因此經驗知識在困擾之中，於是引發了懷疑主義（見《費多》語錄 96a-97b）。只有一途使週遭事物能獲得客觀的呈現，那便是暫時拋開感覺經驗的對象，而著重那些可理解的關係。只有把握了可理解的關係，才能澄清知識上的混淆不清。在《費多》語錄中，蘇氏說道：

　　假如我只用眼去觀察事物，或者我只用我的感官去接觸事物，
　　我將一無所得，好像是個瞎子一樣。在我看來我們應當借重理
　　念（理型式觀念）以瞭解事物之中的真理。（見《費多》語錄
　　99e）

感官世界的客觀的呈現，換言之，事物的眞理，只有經由可理解的關係使我們能決定其表象（appearance），再由科學的假設藉以構築近

乎理想的現象界（phenomena）。例如一個不規則的地形面積只有把它分成若干三角形和正方形 —— 那些幾何形體皆是經由先驗加以界定的 —— 方能精確的計算出來。與此相似，行星的運行雖然在它們表象上是不規則的，可是我們仍然可加以科學的解釋：我們只須要從它們的速度和拋物線精確地計算出來它們的形狀和數字，我們便知道它們的圓形運轉是有規律的和有秩序的。換言之，我們瞭解行星的運行是根據於它們的可理解的關係，而那些關係表之以數學公式。上面所說的有關幾何形體的界定原是種種假設，從那些假設，我們推知那行星在某一時會的位置，藉此我們可以確定那些來去無踪的行星的明確的運行。所以說天文科學不單單是對於天體的描寫或者是一些觀測的記錄，它必須要能有系統的解釋天文現象，使我們的預測 —— 如日食、月食等 —— 成爲可能。

　　這種預測的結果不可能由消極的觀察獲得。而是天文學家離開那自然現象，另從假設出發，也就是說從可理解的數學程式出發，或者說是從純粹關係出發，或者從界定那些先驗的觀念出發。對天文學家來說這可見的天體世界不是他要描寫的模型，而是有待解決的一個問題，即便是要重建天體運行的機械功能（mechanism）（見《共和國》語錄 VII, 529d）。這一項重建工作必須建築在理性上，因爲天文現象無從加以經驗的分析化複雜的爲簡單的。柏拉圖在《共和國》語錄中曾提到音樂和諧的獲得是由物理學家把音距（intervals）分析爲可聽到的單位 —— 在音階上可知覺的最渺小的差別 —— 再加以測量。柏氏認爲這未免「以耳代心」（put the ear above mind）（見《共和國》語錄 531a）。在柏氏看來，音階的測量只能從理性的流程中去瞭解。所謂理性的流程是說對於弦的長度和音色間之關係加以一項數理的界定。

六、物理學理論與其基礎

對於感覺知識，理型（觀念）有其應用性。其過程是由假設出發，或者由心中原始理念出發，將感覺與材加以重行構築，凡此皆屬於觀念作用。由假設出發，經由嚴正的推演，所獲得之感官世界之理性知識，其後效是可以經由觀察加以證實的（見《共和國》語錄 VI, 510c,d）。可是經驗證實不等於理性的證明。因為物理學理論由假設出發，所以它脫不了猜測且不確定的性質。柏拉圖在《共和國》語錄中曾提出疑問道:「當一個原理尚未經證實，當後效推論（演繹）建築在一項不確定的原則上，我們怎能把那項原理或者那項推論當作是『科學』來看待？」（見《共和國》語錄 VII, 533c）。物理學理論是一項「假設的演繹的系統」（hypothetic-deductive system），由可理解的理型（觀念）構築起來的，所以在理性上是美滿的，但是物理學的理論既建築在假設之上，所以那些假設需要有一個理論基礎，柏拉圖相信只有在美滿無缺的理性中，方能找到那個基礎。在《費多》語錄中蘇格拉底曾經宣稱:

> 我們不要以為在「至善之外」(outside of the Good)，可以找到一位更強壯更不朽的「巨無霸」（Atlas）來支持這個宇宙，無疑，「至善」與「責任」(obligation) 促使宇宙中萬事萬物獲得團結和一致。（見《費多》語錄 99c）

為了替宇宙結構找出理由，作為是知識論的理型論轉變成為一項宇宙論的理論，而理型（觀念）成為感覺對象的「基本類型」。為了

瞭解理型論的發展與壯大，我們必須追溯其來源，而結果我們竟發現「至善乃是一切事物的最高的理性」。因爲以至善爲最高的理性，於是哲學探索傾向於以尋找至善的價值爲其目的。

貳　價值論的功能

一、價值問題

我們在前章略談作爲是一項有關知識理論的理型（觀念）論，曾經說道：因爲有理型的存在，所以科學不單單是一種「意見」；因爲有理型的存在，眞理不可能是「意見」偶發的性質。科學研究的基本特性必然是追求可靠的知識，而那項知識具有其理性，並且是先乎經驗的。柏拉圖在語錄裏企圖抉發眞的和確實的知識所必備的條件，爲的是他不僅尋找有關事物知識的確實性，並且也在尋找指導我們行爲的那些觀念的確實性，這便是在價值領域中所謂的眞理。

柏拉圖以乃師蘇格拉底爲榜樣，以愛智爲其終身的職志。在他早期語錄中他使蘇氏和他人的對話變得十分生動，並且表示了蘇氏對於那項基本的問題 —— 品德是可教的嗎？我們如何能教養出善良的人？—— 曾發生過很大的興趣（見《曼奴》語錄 70a；《柏羅泰格拉斯》語錄 319a）。這個問題在當時是特別重要的。那時雅典社會正享受了經濟快速成長，那些傳統的信仰和風俗發生了動搖。同時因爲雅典社會的開放，招來了觀念的交換和遭受有心人的批評。那時詭辯家著重把自然和法律作強烈的對比。道德規範在往日具有神聖的色彩，現在被看作僅僅是風俗習慣，甚至於是偏見而已（見《佘阿狄特斯》語錄 172a, 172b），因此道德規範便因人而異。

對於此項公共良心的危機，其嚴重性使生性謹慎的人皆有同感，並且使所有關懷國家未來前途的公民十分迫切注意，於是蘇格拉底希望尋得一補救的良方。他的創見是在於他能體認到道德重振要依靠理性知識發展的情況。當時有人認為解救之道在固執於舊的傳統（見《曼奴》語錄 92e, 93）；有的人主張要改變傳統以符合於新的社會狀況（見《佘阿狄特斯》語錄 167c）。在如此意見紛擾中，蘇氏能明見只有把品德看作是一種科學研究的對象，教育方有其用武之地（見《曼奴》語錄 87c；《柏羅泰格拉斯》語錄 361b）。不管是要恢復道德傳統的光榮，或者贊同新時代應有新道德，假如那些主張者只是經由他人的說服、或者受了外在團體的影響，其結果不外乎形成了永遠動盪不寧的意見而已。除非我們能在反省思考中相信那些價值（道德的善等等）是對的，為那些價值提供了不可動搖的理性的基礎，品德方能獲得大家的尊重（見《曼奴》語錄 98a；《共和國》語錄 II, 306e）。當時的雅典人大多數認為道德規範不外乎是人為的社會制度，旣是約定俗成的，又缺乏理性基礎。為了重振道德規範，於是哲學家必須要提示道德規範在理性上是具有更深的根源，而那項理性照耀每個人的心靈，它可能也是自然界所本有的原理（見《法律》語錄 X, 890d）。

二、理型（觀念）與規範

為了恢復道德律的權威性，我們必須證明它不是人類的偏見，同時要使人體認價值判斷不可以簡化為主觀的意見，我們必須證明價值判斷具有理性的基礎。以上所說的便是理型論最初的動機和最高的目標。這項動機與目標在我們審查柏拉圖早期語錄便可加以證實。在早期語

錄中，蘇格拉底和他的朋友是在爲價值尋找定義：例如在《萊采斯》語錄中，爲「勇敢」下定義；在《夏米兌斯》語錄中，爲「智慧」下定義；在《大赫畢亞斯》語錄中，爲「美」尋找出它的本質（精神）；在《共和國》語錄第一冊中，爲「正義」尋找出它的本質；在《猶且莆羅》語錄中，爲「虔誠篤敬」（the pious）尋找其本質，藉以判斷一個人的行爲是否眞正的美，是否眞正的合乎正義，或者是否眞正的虔誠篤敬。在這些語錄中柏拉圖的目的是很清楚的，他們是在爲某一品德或者某一價值尋找其定義，他們要找出一個原則作爲價值判斷的準繩。這一項目的在柏拉圖早期蘇氏語錄，如《辯護》、《克里妥》、《費多》中是很普遍的，這也當然是柏拉圖的意願。這在《猶且莆羅》語錄中某一段上說得很明白，同時在那一段中兩個名詞 eidos 和 idea 同時並用，而 idea 成爲後來理型論（觀念論）所特用的名詞（見《猶且莆羅》語錄 12b-e）。

　　蘇格拉底要求猶且莆羅爲「虔誠篤敬」下個定義，換言之，要他說出「虔誠篤敬」的性質，猶且莆羅無法舉出某一個理念而能包括那許多特殊的例證，於是只能分別列舉那些個案而已。蘇氏告訴他說：

　　　　我不曾要求你在許許多多「虔誠篤敬」行爲中，舉出一個或者兩個個案，我所要求的是要你確確實實的告訴我「虔誠篤敬」的「形式」（form）或者「本質」（essence），藉以說明「虔誠篤敬」便是「虔誠篤敬」，我可以以它爲「標準」（paradigm）來判斷你的行爲，或者他人的行爲，是否是「虔誠篤敬」？（見《猶且莆羅》語錄 6d,e）

所以對柏拉圖而言，理型論（觀念論）在開始便被當作是一項原理來看待，藉此我們可以建立一個客觀的道德判斷的準繩。

當我們說有理型（觀念）的存在，不單單說有可理解的關係的存在，如數學中理想的對象具有永恆不變的眞理等等的存在，而是說在價值世界和知識對境中有一項獨立於意見之外的眞理存在。當蘇格拉底年輕的時候，他回答巴曼尼底斯所提出的問題時，他體認到有相似的（或者相等的）、單一的、衆多的，和其它普通關係的理型存在，同時更有有關價值如正義、如美的理型的存在。但是蘇氏在那個時期，尚未決定是否有有關人、火，或者水及其它自然事物的理型存在（見《巴曼尼底斯》語錄 130b,c）。一直到了比較晚期，柏拉圖的理型論獲得了重大的開展，於是包括了在宇宙論上的應用。

三、比量的技巧 (the art of measurement)

且看理型論如何完成了它在價值論上的使命，換言之，這個問題的關鍵是價值的可能如何獲得了一個客觀的決定？如詭辯家之所爲，他們把價值判斷的分歧比諸感覺印象之有差異。在某人的感覺中只是一陣微風，在另一個人的感覺中那是一陣暴風（見《佘阿狄特斯》語錄 152b）。相似的情形，在道德行爲方面，同樣的行爲，依據不同的立法，有的受到讚賞，有的受到責難，而立法是要顧到每一份子的利益的。在同一國家裏因爲環境或者教育的差異，於是對於同一行爲的評價往往極爲懸殊。道德意見的懸殊是因爲社會情況的不同，正好比感覺印象深具主觀性，是因爲感覺器官結構的不同。因爲教育的結果，於是存在著「意見」的主觀性，或者存在著「集體良心」的主觀性，而個人的主觀性則表現在一個人的性情 (temperament) 上。

當柏羅泰格拉斯宣稱「人是萬物的比量」（Man the measure of all things）（見《佘阿狄特斯》語錄 152b）的時候，他是在特別加重兩個層面的主觀性——個人的、和社會的。和柏羅泰格拉斯同時的德謨克萊特斯（Democritus），在他看來，感覺的性質的差異只存在於「意見」之中，而宇宙的眞際（reality）只是「原子與空虛」（atoms and void）而已。他反對感覺印象的主觀性，認爲那只是宇宙的次性（secondary qualities）。他發現幾何呈現（geometrical representation）的客觀性，於是他引進了利用數學知識來研究宇宙的眞際，以逃避感覺主觀性的方法：他認爲利用比量的技巧是獲得客觀性的工具。

　　考量了當時哲學氣氛，柏拉圖獲得一個起點藉以建立價值知識的客觀性。在和猶且莆羅交談中，蘇格拉底建議：假如對於感覺表象，例如物件的尺寸大小、數量、重量，大家不能同意的時候，唯一解決之道便是訴諸比量。談到對於正義與不義、美與醜、善與惡等等價值不能獲得同意時，我們似乎無技可施（見《猶且莆羅》語錄 7b,d）。事實上，所謂蘇格拉底探索的目的便是要設法解決這個困難，爲達到這個目的，唯一的方法是經由誠意的適當的辯論，使相反的意見獲得公平的訴求，而終於獲得遭受了經由理性的批判的否定，而柏拉圖的語錄提供我們很好的例證。對於那些語錄，我們要分析其發展的過程，審查其辯論成功的條件，於是我們便能獲得價值判斷的客觀性的方法。

四、對話的技巧（the art of dialogue）

　　初看來對話的方法好像與比量的方法大不相同，比量可以使我們

獲得一個客觀決定的數量。但是對話的方法也可以使我們獲得相似的結果。它的過程是經由比擬的衡量，我們可使對話的技巧被提昇到高度藝術的運用，這項對話的方法就其特性而言，名之爲「辯證術」。在柏拉圖看來，「辯證術」是一項對話的藝術，使我們遵循正確的途徑，從事於提出問題或者回答問題（見《共和國》語錄 VII, 533a）。在蘇氏語錄中有一位參加辯論的人曾經建議一項方程式，藉以對品德的本質或者價值的本質加以界定。但是這個建議一經提出便遭遇到反駁，經歷一段嚴厲的批判，發現那一項有關價值定義的建議並非來自歸納法，而是有些人依據亞理士多德的言辭所妄加推想的（參看亞氏《形上學》A,6, 987b1-m, 4,1078,b17-19, 27-29）。定義的取得，並非單單由比較得來，譬如有關「正義」或者「勇敢」的定義，不是由比較有關正義的動作或者有關勇敢的動作得來的。因爲我們要把不同行爲的性質歸納在一個共有的名稱之下，勢必我們要有一個評定價值的準繩。凡是在數學理型（觀念）上是眞的，也可應用在道德理念上（參看法國作家任盧瓦的《道德科學》(Renouvier, *La science de la morale*, 1,8)。在數學上有關圓、方形、對角線各項定義大家當它是假設，是一項約定俗成的結果，所以大家接受那些定義而無所用其懷疑，可直接訴諸感覺與材，並可加以實際測量，可是有關道德的定義包涵一項價值判斷，隱含一種理想，對個人的意願有加以規範的作用，所以道德定義易於引起辯論。但是究竟一個道德的定義引起了什麼樣的問題呢？對那些問題我們能找到答案嗎？

關於道德所下的定義，第一步我們要看那定義是否自相矛盾，在應用上我們能否辦得到。例如談到「正義」，我們認爲應包涵講眞話，和應當平等一視，不能厚此薄彼，但是假如洩漏一項惡毒的祕密（招

致天下大亂），或者將殺人武器交還一位瘋狂的暴君，雖然那些武器
是由那暴君手中交給你的，前者是說了眞話，後者做到了平等一視，
你認爲這合乎正義嗎？（見《共和國》語錄 I , 311c-e）。另有一種情
形也會發生，而爲制定道德定義的人所不曾料到的。例如在應用上，某
項道德定義雖然不自相矛盾，但是和其他價值互不相容。例如我們能
不能接受一項有關「勇敢」的定義，而那個定義也可加諸幾乎與「勇
敢」性質相反的品德上：例如「輕率」（rashness）「暴動」（vio-
lence）或者「愚昧」（stupidity）等等。同時「勇敢」不能排除其它
相關的美德，例如「謹愼」（prudence）「智慧」（wisdom）等等（見
《萊采斯》語錄 197a-d；《柏羅泰格拉斯》語錄 349d, 350c）。遇
到有些時候幾種價值好像是無法協調，我們需要向更深一層從事於反
省思維，探賾索隱，來解答價値衝突的原因。所以辯證學應用在價値
知識方面，不限於審查價値的定義和程式的是否圓融不矛盾，同時我
們必須面對現實情況，來評價那個價値程式是否能應用於當前的急迫
的處境。這一項見機衡量的工作，蘇格拉底最後訴諸「良心的見證」
（the evidence of conscience），他認爲「良心的見證」是不受
「偏見」和「禁忌」所影響的。對蘇氏來說「良心的見證」是最高的
原則，建立了價値判斷的客觀性（見《喬吉亞》語錄 472b,c）。

　　蘇氏所提這項原則能經得起批判的考驗嗎？良心的權威能提供保
證它一定是對的嗎？「良心的見證」能自己作證嗎？在討論道德問題
上蘇氏所提的辦法，批判哲學學派能接受嗎？柏拉圖爲使道德判斷隸
屬於眞的可靠的知識，他比諸數學知識的確實性是基於可理解關係，具
有先驗的特性，經由測量的技巧應用在感覺表象上，提供給我們以事
物的客觀呈現。是則價値的客觀決定，除上面所舉有關數學知識可靠
性的條件之外，另須其它條件。那個其它條件便是要我們對於提供數

學知識可靠性的條件再重行加以思考。所以柏拉圖曾經說道，研究數學是求得「善知識」的初階而已。

五、數學本質與理想價值

研究數學對我們獲得 「善知識」 有何助益？據柏拉圖看來，數學的研究使我們不爲那變動不居的感覺表象所左右，而從事於對那永恆不變的理性本質加以思考（看《共和國》語錄IX, 921c,d）。數學思想的對象不能用感覺去把捉它們，它們是理想，在現實經驗中只能獲得近似的實現（副本），只能由先驗及純粹關係來加以界定。且看，道德價值也是理想，只能由先驗及純粹關係來加以界定。假如從經驗加以界定， 或者列舉個案來證明， 則道德價值將陷於意見分歧的境界，而眞正的道德知識將永遠獲不到「理性的自證」(rational self-justification)。例如在理性知識範疇中，「正義」在我們各種潛在傾向中， 我們各人靈魂中， 或者一個城邦政治中， 只是有待實現的「秩序」(order) 而已。它只是一個理想， 只能用數學名相來加以界定，正如要用 「關係的系統」(system of relation) 來界定「比例」(proportion)一樣。那構成靈魂的三部份 （理性、慾念、豪情） 必須經由正義（秩序）相互聯繫起來方各得其所， 正好比音階三個基本的音調必須相互和諧， 方始悅耳（見《共和國》語錄 IV, 443d,e）。以上所舉的可能是數學研究對道德知識（善知識）第一項的貢獻，它使我們分別理想事物與感覺經驗，進而知道對於道德價值如何加以理性的界定，並且能將理想的價值用規範或者程式加以表達，正好像我們表達數學眞理一樣。

只從事於建立合乎理性的道德程式，換言之，只從事於建立一個

行為規範的系統是不夠的。我們必須經由反省思考，審查那些道德理想是否確能言之成理。同時也要審查那些道德理想是否被人當作是緊急要務而加以無條件的接受，鑑於那些道德理想與「絕對」(the abso-lute) 之間的關係（此處所指之「絕對」是超越的、永恆的、美滿的，乃諸般價值綜合與統一之境界）。有不能不加以接受的急迫感（《共和國》語錄 VI, 504d-505b, 506b）。假如缺乏這些條件，則前所建立的道德程式或者行為規範的系統必然不眞，不符合任何客觀的、確實的、價值的知識。談到價值的眞理性（善的必眞，美的必眞），大家往往遭遇到嚴苛的批評和常有的偏見。對數學思想的反省思考，足以使我們平息那項批評和偏見。研究數學確是對於獲得「善知識」有貢獻。

六、眞理與眞際

數學提供我們一種先乎經驗而又確實的知識。數學定理 (theo-rems) 的確實性不是由經驗得來的。縱然在世間並不存在如定義所提供的圓形、三角形等等，但是幾何學的定理仍然是眞的。有人說數學是一項科學，但並不建築在「事實」(fact) 上。所以它不必要求它的研究對象是眞的。在數學研究上這是一項重要的體認：眞理是獨立於現行 (actuality) 之外，換言之，它獨立於經驗與材之外。正如斯賓羅莎 (Spinoza, 1632-1677) 所說的「眞的觀念的外緣決定性」(an extrinsic determination of the true idea) 並不奠基於思想與思想對象——某些外界的眞際——的相符應（參考斯賓羅莎：《倫理學》Ethics, II, Def. 4）。所謂眞理從其「內在性」(intrinsic) 著眼，可以加以界定爲「正思維」(rectitude of thought)，出於

「內在而又超越的迫切需要」（an inner and transcendental exigency）（臨乎宗教的境界）。 數學思想之反省思維使我們不致陷於真理「外緣主義」（extrinsicism）的錯誤， 那項錯誤是認為我們不能獲得有關價值的客觀知識。假如我們承認真理必須奠基於思想與事物相符應上，則「善」、「美」、「正義」等等皆非事物，它們是超越乎經驗對象之上的理想。對那些價值既無法取得客觀知識，當然無真理可言。於是價值或無價值純然是意見，而意見因人因環境而異。所以美無標準，只是個人的喜愛而已；正義與不義皆無規範，只是個人的偏見或者階級的利益而已。為了針對當時詭辯家所宣揚的價值相對論， 及道德意見主觀性種種謬見， 柏拉圖的理型論是企圖建立一項科學，藉以取得有關道德標準的確實而又客觀的知識。這項知識雖然沒有經驗的支持， 但是是可能的，因為這兒有先乎經驗的真理。就如外在世界的客觀性必有賴比量，必有賴於將數學定義應用在感覺表象上。假如我們說有關某些事物的知識是真的，那是因為這兒有些真理是先乎經驗，的並且是確實可靠的。

七、善與自知之明

一旦我們體認真理的內在特性， 它不一定需要與外在對象符合，同時它乃是正確的思維,我們便瞭解取得價值的客觀的知識是可能的，同時價值判斷具有真理性是可理解的。可是從價值本身加以思考，顯然它又遭遇另一種困難。 試問價值是否必須是主觀的？ 斯賓羅莎在《倫理學》曾經說道：

當我們的努力、意願、慾念、希望無所追求時，那時因為我們

判斷認為「無所追求」是善的。相對待的，當我們判斷某項事物是善的時候，必然因為那項事物是我們努力、意願、慾念與希望所追求的對象。（見斯氏《倫理學》第三章、第九注）

如此說來，價值的判斷只是表達個人的意向而已。站在柏拉圖的立場，他並不反對這項說法，所以他界定「善」為我們意願的最崇高的對象（the supreme object of our will）（見《共和國》語錄 VI, 505e）。為此一旦我們認知某項事物是善的，我們不得不懸之為行動的目標。蘇格拉底曾告訴柏羅泰格拉斯說道：

人之本性不可能寧願傾向於惡而不傾向於善；假如一個人為情況所逼，在兩惡之間作一選擇，他寧願取小惡而不取大惡。（見《柏羅泰格拉斯》語錄 358d）

蘇格拉底的箴言有謂：「無人情願邪惡」，或者更確實一些「無人知其為惡而願為之」（參看《柏羅泰格拉斯》語錄 345e；又《曼奴》語錄 78a），這類說辭都在假定善惡是相對的，是主觀的，好像排除了價值判斷的客觀性。

事實上並非如此，當我們分析靈魂時，我們發現其中有種種慾念以符合有機體生活之需要；除此以外，更發現其中有種種願望（ambitions）與個人社會生活有關，例如人人關懷他的名譽，人人對他人、對自己有其觀念和理想。這兩種傾向 —— 慾念與願望 —— 在生物的和社會的影響各有向外界求取對象的必要，但這並不構成靈魂全部的活動（見《共和國》語錄 IV, 436a ff, 439a,b-441c）。當一個人體認到他的慾念和願望時，他能客觀化，把他自己和他的慾念或者願望分

而視之。他知道他不同於肉體的牽繫（bodily attachments）或者社會的地位，他是一位意識清明的人，他不會以經驗之所得（或者說感官的享受）爲滿足。快樂、虛榮、財富、名譽，在他的眼中只是一時的美好，他勢必要求更多而且是眞正的美好。不僅此也，他有更高尚的精神要求「趨於絕對超越的境界，與神明同在，或者他自己便是神明」（見《費多》語錄 82c-84b）。

爲此，假如我們要避免價值評估的主觀性，我們必須對自我的認知要更深入。假如善（美好）與主觀的某些心理傾向有關，那麼有關善的知識必須要和在各個層面的自我的認知有所關連。每個人對於他的感情與慾念，當下便能明顯的意識到，但那不能算作是知識，那只是對於善惡的主觀的反應——快樂或者痛苦而已（見《柏羅泰格拉斯》語錄 351c,e, 354b,e, 358a,c）。縱然我們從事於內在分析，將靈魂分爲若干部份，藉以對於其相關的道德標準加以有系統的界定，但這並不代表我們已經獲得完整的善知識。那種對「善知識」的分析之知只提供一些雜亂無章的解釋而已。我們知道只有從「內在和諧」（the interior harmony）和從心理傾向的由上而下的權威結構（hierarchical organization），才能對「正義」加以界定說明。但是這還是不夠的，我們必須進一步由反省思維，體認到「正義」，如此加以界定乃是「靈魂的至善」（the supreme good of soul）。此一「至善」超越乎一切，與我們內部精神的渴望相符合，精神的渴望便是內心的迫切要求，也便是我們原始的意志趨向神明的境界（意指宗教的嚮往）。

在《共和國》語錄第十冊中蘇格拉底明白指明，凡企圖獲得靈魂的至高無上的知識（也便是完滿無缺的「善知識」）的人，不應依靠有缺失的分析經驗的心理學。蘇氏明白的說道：「假如一個人想把捉靈

魂的眞正的本性，知道它的眞正的精神，或者它原始的性能，我們不
應從實際經驗著手，不應從其不同的傾向著手（心理學），不應從靈
魂和肉體結合一致處著手，或者從靈魂在社會桎梏中著手。」（見《共
和國》語錄 X，611b,d）。假如我們想要達到自我知識最高峰，換言
之，也便是要達到那至高無上的「善」或者其他價値的知識，我們必
須在我們靈魂深處發覺那項對「永恆眞際」（eternal reality）的精
神追求（無異乎佛子對「涅槃」的追求）（見《共和國》語錄 X，611e
及《費多》語錄 79d）。這一項反省思維的追求，也可說是人類心靈
在其最深根源處，來把捉其精神活動。從事於自覺的數學的思考可以
爲反省追求做些準備工作。

八、精神內明與超越志業（the spiritual interiority and transcendent vocation）

數學知識的開端始於比量的技巧。將比量的結果應用在感覺表象
上，我們獲得事物的客觀性的呈現。所謂知識的客觀性是我們能體認
且利用可理解的關係所產生的結果，而那些關係是先乎經驗得來的。
因此，經由對比量的反省思維，我們發現在感官印象中眞理無從被發
現，只有在理性活動構築中，眞理可被發現。所以蘇氏在《共和國》
語錄中說道：「爲了達到絕對眞理，我們必須運用『純粹的思維作
用』（purc intellection）。」（見《共和國》語錄 VII，526b 及《費
多》語錄 66d）。這一項求知的規範不僅可應用於事物的認知，並且
也可用諸於價値的估量。譬如當我們在那些引起慾念與願望的事物中
作一選擇時，那些事物顯然能提供我們許多美好，可是在這些美好之
中，究竟我們如何認取那眞正的「善」？在此情況之下，我們必得遠
離感覺印象（正好像幾何學 —— 比量的藝術 —— 脫離了個人視覺的表

象和主觀的幻覺），那「絕對的善」或者說是我們意志的至高無上的對象，或者說是我們精神的嚮往，如此「善知識」方有披露給我們的可能。

　　誠然比量的技巧足以提供物質東西以客觀性的裁決，但是那種技巧不能幫助我們取得價值的客觀知識。這種知識不可能由比較苦樂的份量 —— 好像是一種有關道德的算術（moral arithmetic）—— 來取得，如蘇格拉底在《柏羅泰格拉斯》語錄中所擬議，以爲經由敎學的方法可以從事於道德價值的數量演算（見《柏羅泰格拉斯》語錄356d-357b）。在取得價值知識之前，我們需要把人的靈魂中不同的傾向，不根據它們的強度來作一番相互比較，而是根據它們與「意志統一性」的關係，作一番比較。換言之，它們要符合於「原生的嚮往」（the primordial aspiration）。這項嚮往在《酒筵》語錄中出現，名之爲「愛取」（Eros）。這一項高尙的嚮往可借助於數學思維反省，而脫離經驗的束縛和主觀傾向紛歧的干擾，使它出現在清明意識之中。又經由數學思維的反省，使我們發現眞理是內明的。談到眞理，誠然數學上眞理並非最高的眞理；而且「至善」（sovereign good）也不是經由對於幾何學上永恆的眞理的沈思默想可以得來的。那一項至高無上眞理的發現是內明的經驗，使我們明見有更高一層的眞理，那個眞理才是我們畢生志業的目標。同時那項眞理超越乎經驗對象之上，正好像數學上眞理不受感覺印象所干擾。我們靈魂所渴慕的眞正的善，絕不可能建築在感官的、矛盾的、不固定的事物之上。正如知識上的眞理不可能建築在感覺印象之上，因爲感覺印象會因人或者因環境而異。凡靈魂受制於它的感覺印象，或者依照感覺的對象或者價值來判斷事物，則那靈魂必將被導入錯誤，或者陷於酒醉、或者神志不清狀態之中。在另一方面，當靈魂恢復了它的平

靜，換言之，當靈魂進入其自身之中，它便情不自禁的傾向於純潔、永恆、不朽、不變的事物。在內明中靈魂明白認知其精神的嚮往，體認到它與神聖是「同生的」（connaturality）。靈魂進入其自身愈深，愈接近於「超然絕對」（見《費多》語錄 79c,d，65c，83a,b）。

　　把靈魂和神聖看作是同生的、內明的開放、企求超越世俗，這些是《費多》語錄中訓辭。經由內部的光明我們發現了永恆的眞理。那項照耀我們理智的光，原是一炬火焰，足以動搖我們的意志。心靈具有以客觀的呈現對抗感覺印象的主體性的能力，可是它能從事於超越其生物性的功能和社會性的行爲，且更爲極端的活動。心靈知悉其精神性質和超越的使命，所以知道在世間如何處理其生活（見《共和國》語錄 VII, 517c）。因爲心靈得知絕對的原理，於是理想的價值賴以界定，又從那項絕對的原理、理型（觀念）獲得其價值學上的意義。

叁　宇宙論的功能

　　柏拉圖在中期語錄中一再表示他要找出客觀知識所必備的條件，藉以恢復道德規律的權威，藉以建立價值判斷客觀性的原則。我們知道只有經由比量，外在事物的客觀呈現才有其可能性，換言之，感官印象必須經由先驗的可理解的關係，才有成爲知識的可能。因此，理型（觀念）是一切眞正的確實的知識所必備的條件，同時也是永恆且必需的眞理的基本性質。正好比幾何學的定理具有永恆不變性。當我們對於數學思維加以反省時，我們發現所謂眞理必須在外在方面，思想與事物符應；在內在方面，眞理是經界定而歸屬於內心迫切的要

求。眞理是一切思想的規範，根據這個規範，思想主體從事於選擇，以期達到其意志所嚮往的最高的目標。「至善」符合在內心中超越的迫切需求，從這項需求之中一個「價值高低的秩序」（the hierarchy of values）客觀的被推演出來，而那些價值又是個人意志所欲追求的目的。

由超越乎數學思想反省所界定的價值便是理型（觀念）或者理想的理念。它們是先乎經驗的，並且屬於高層次的。這些價值不僅包含數學定理的必然性 —— 在可能的對象之間的必然關係 —— 並且包括一項內在的迫切要求那些價值的實現，而那內在迫切要求加諸我們意志之上，好像是神聖的旨意。數學的本質誠然屬諸理想的存在，在理解上是必需的，是眞理所必備的，但是它不一定屬於宇宙最終的眞際。

一、理型（觀念）作爲事物的「基本類型」（archetypes）

柏拉圖的理型（觀念）也可當作是「基本類型」（「基型」），換言之，乃是「理想的模式」（ideal model），我們發現在物質世界結構上「理想模式」獲得了實現（見《迪冒斯》語錄 29a）。理型論在這一方面的意義在《迪冒斯》語錄中多所發揮，我們可以說這是理型在宇宙論上的應用。站在知識的立場上，這項應用是必須的，如此才能滿足科學的需要，藉以對物質世界取得完滿的知識。在前章我們已經知道感覺不足以爲科學研究的對象，我們不可能在感官印象的基礎上，建立任何確實的知識（見《迪冒斯》語錄 28a）。但是假如我們利用測量上的關係（metrical relations），換言之，幾何學上關係，來定位感覺表象，我們可以獲得感覺世界的客觀呈現，甚至於對

於感覺世界中的變化也能獲得合理的解釋。 又假如我們善於選擇假設，我們可以用可理解的理念，把觀察的現象重行加以理想化的構築；如此，我們將天體運行不規律之處 —— 例如行星的不規律運行 —— 針對先驗界定的、旋轉的、規律的、有秩序的運行，加以解釋，我們便可獲得確定的數據或者圖形 —— 數學上公式子。從這兩方面的對照，我們可以事先預測天文的效果， 正如觀察者親眼所看見的一般（見《迪冒斯》語錄 38a）。談到預先假設究竟有什麼價值？是不是可以作為真正而又確實的知識的基礎？

以目前科學情況來說，預先假設是可被許可的，只要所假設的與實際效果相符合， 換言之， 假設所提供的和觀察與材相一致。但是從「經驗上的驗證」（empirical confirmation）不等於是「證明」（proof），因為驗證並未產生完全確定的知識。更有進者，假如我們認為觀察可以使假設成立，那麼假設 —— 用以解釋現象 —— 是否可以當作是一個真正的科學基礎？同時，我們也可追問假如後來的效果應當支持假設的原理，那麼假設的原理是否應當是後來效果的基礎？在實驗科學上，理論與觀察應當互相支持，這成為實驗科學家的作業必須有的流程，為此實驗科學的知識不可能是絕對確實的。所以在柏拉圖心目中，數學天文學或者數學物理學不配稱為科學。他在《共和國》語錄中說：「當一個原理尚未獲得證明時， 或者當效果的聯鎖因為一個不確實的原理而中斷時，試問如此連接在一起的原理與效果，怎能稱之為科學？」（見《共和國》語錄 VII, 533c）。

二、美滿的原理（the principle of perfection）

依柏拉圖看來， 我們不應當從觀察來證實一個假設的對與不對，

只有從先乎經驗的和必需的理由，來證實一個假設的對與不對。至於必需的理由應是絕對必需的理由，而非相對必需的理由。例如拿效果與原理之間的關係來說，對原理而言，效果是相對的。絕對的必需指那一種必須符合乎在善的理型中所表達的那個對「美滿」的迫切要求。因此一個物理學理論只有考慮到它的最終目的上，才能驗證它的對與不對。早期自然哲學家安納沙哥瑞斯（Anaxagoras）老早發現這個道理，所以他說：心是「秩序提供者」（orderer），又是一切事物的原因。所以蘇格拉底自認他要從最終的理由（目的）來解釋一切事物。譬如說地球是扁平的，或者是圓的，或者地球居世界之中心，或者不居世界的中心，假如我們要爲上舉的可能性取得證明，我們要提出理由來說明假如地球是圓的，因爲那是它最合適的形狀，假如說地球是居於世界的中心，因爲那是它可能有著最佳的位置（見《費多》語錄 97b-e）。── 關於這一點，希臘哲學遭到現代科學家的詬病，以爲希臘人（蘇格拉底與柏拉圖）研究科學不是純粹由客觀的求眞的立場出發，所以把客觀的眞與主觀的是非好惡混在一處。我們可從多層面來反駁現代科學家的謬執。第一、他們所謂之「眞理」，不是一項價值。實際上指的是「事實」。而所謂之「事實」，又純粹由常識之見的立場憑感官經驗爲基礎的認知。（否則，便設計一種精密的儀器如種種測量的機器及電腦攝影等等，以代替人之感官。殊不知那些測量儀器或者電腦攝影的記錄，仍然要依靠人的感官和心官的接觸和理解，才能使我們的見解（信念）有根據。）第二、主觀客觀的分別是虛妄的。我們假設的外在客觀世界，實在是我們把主觀所攝受的外在消息加以「客觀化」（objectivized）的結果。從種種立場上我們可體會內在外在的分別是多餘的，因爲內在外在是相互依存的。我們肉體的存在（私有）要靠內外種種的因素，而精神的存在（私有）要靠歷

史的和自然的雙重支持。假設有一個外在的客觀的唯物的世界，這是一項謬執。(但是在日常生活中我們又依據這個假設，處理世俗的生活，是故悲劇重重。)第三、現代科學家把「求眞」做爲是他們唯一的任務，結果是知道了一些有關自然界事物相互間之關係，進而利用那些知識從事改變環境、增進人生福利。結果人生福利未必獲得驚人的進步（可能增長一些癡呆者的壽命），而生活環境已經遭受不利人類生存的污染。這一項盲目的發展科技，純然由於追求權力（power）的動機，但被掩藏在「追求眞理」的莊嚴服裝之下，世人不察此項謬執是出於堅持單一價值的心態。殊不知價值的呈現必須是眞、善、美、聖諸般價值之綜合與統一，方是眞正的價值。眞、善、美、聖諸般價值的如何相互調適並進，可能是世人所急需同時又是人類所能企求的最高的智慧。科學求眞是非常不自然的、人爲的、不符合宇宙創化的目的和天賦予人的價值意義。

且以天文學爲例，一項天文學理論所根據的理由是不外乎把一個星球在整個天體系統中所處的情況，例如星球與星球之間的距離，及相互之間的運行的速度等等關係，認爲恰恰好符合一個理想的結構，而那個理想的結構必然是美滿無缺陷的，並且是十分精密確實的。爲甚麼我們要假定現行宇宙的結構是最美滿的呢？因爲我們找不出任何理由來主張那次於美滿的結構會有實現的可能。在所有結構之中，那最美滿的結構是最特殊的，這便是它獲得實現的理由（關於此點，萊伯尼茲在他的 *Tentamen Anagogicum* — *G. Phil. VII*, 270-79 ——言之頗詳）。假如我們否定上舉的理由，拒絕「目的論的解釋」（the teleological explanation），等於我們放棄了一切絕對的、確定的解釋，則我們的知識停留在假設的階段，我們將永久陷於模稜兩可的知識之中，等於否定了科學知識的眞確性。

　　早期希臘哲學家 —— 蘇格拉底以前的哲學家 —— 企圖解釋自然現象，但犯了重大的錯誤，因為他們的研究只在觀察的層面，所根據的只是感覺與材而已。因此異說紛紜，相互牴觸。可是柏拉圖在另一方面也不苟同於那般數學物理學家，雖然他們能根據假設，來解釋自然現象，用測量來決定自然現象的客觀呈現，但是他們不肯追詢自然的最高和最後的理由。他對畢達哥拉學派曾有評論。他很推崇畢氏學派對於天文學及「音樂和諧學」(science of harmony)的成就。他認為畢氏學派中人甚是聰慧，因為他們根據聽覺發現琴弦背後的數量關係。但是他們不曾更進一步找出哪些數量是「共振的」(consonant)，哪些數量不是共振的。也不曾提供理由為甚麼有共振與不共振的關係（見《共和國》語錄 VII, 530d,e, 531b,c）。

　　在柏拉圖看來，假如一種知識未接觸到基本原理，或者一項解釋不曾一路到底達到那絕對的原理，藉以提供理由為甚麼一切事物如此如此，那項知識便是不完整的（見《共和國》語錄 530e）。他認為理性的知識涵蓋兩個層面，形成兩個階段。第一層面，是由感覺表象達到可理解的關係，藉以確定其客觀存在，是名之為「保全其現象」(save the phenomena)。換言之，藉經由選擇的假設，將感覺表象加以重行構築，以符合乎理想（見《共和國》語錄 VI, 510b, 511a），是乃第一層面。第二層面，是心靈返歸假設，由假設達到絕對原理，再由絕對原理，回證假設（見《共和國》語錄 VI, 510b, 511b）。第一個階段經由「領悟」(dianoia)而進入數學物理學的構築，其第二個階段要依靠努力於「思考」(noësis)，目的在構築一個合乎理性的宇宙論（見《共和國》語錄 511d,e）。柏拉圖認為可經由「辯證的心理功能」(dialectical faculty)來構築此項宇宙論（見《共和國》語錄 VI, 511b）。

三、價值論與宇宙論

　　將價值論與宇宙論連在一道來討論，其目的在凸顯柏拉圖的理性宇宙論原是他的利用理型（觀念）論在宇宙論上所做的解釋。因爲理型（觀念）具有價值學上的意義，所以它是感覺事物的基本類型，在宇宙論的構築上有它的功能。對蘇格拉底而言，「辯證術」是一項「問」與「答」的藝術。是在相互討論問題時，所使用的方法，藉以取得有關價值的客觀定義。把「辯證術」作爲是對話的藝術，其目的是一種研究價值學的方法。在蘇格拉底語錄中所討論的大都是有關道德的定義，其中包含價值判斷。那些有關道德的定義在人類史上第一次被提出加以討論，以決定其是否合乎情理，而不自相矛盾。這些道德價值還要經「由內在迫切要求」來加以驗證。於是那些道德定義可能作爲是行爲規範的一項原理；這些討論與驗證的流程目的，無非爲了構築「一個客觀的價值高低層次」，以說明天人之際。

　　柏拉圖認爲同樣的方法也可應用在物理數理科學上，來證明其假設是否合理。對物理數理科學而言，假設原是研究的起點。雖然某些原理已經由其後效與觀察相符合而獲得了經驗的證明，但是那些假設並不曾經過理性的審查，只是以爲那些假設在應用上獲得成功，便認爲是合乎理性了（見《共和國》語錄 VII, 533c）。「辯證術」是用來詢問那些假設是否合理，站在「辯證術」立場，假設不是原理。我們不能只依靠假設來解釋現象界；我們要尋找假設所依據的基礎。我們只是藉假設來追求絕對原理（見《共和國》語錄 VII, 511b），再經由絕對原理來解釋一切存在。假如那些假設提供了足以促成宇宙全體的美

滿的統一所需的條件，同時又能滿足我們內心迫切的要求，我們對於宇宙的結構纔算有了確實的知識，在如此情況之下，數學物理學中各項假設便可說是獲得合乎理性的證明。

依同理，我們藉道德名相的定義，來表達某項價值，而那價值必須參照我們內心精神主體的迫切要求，方能獲得合乎理性的證明。「內心的迫切要求」獲得精神的滿足，必須將感覺傾向歸屬於各項價值高低的目的，藉以完成人類行爲的美滿的和諧。蘇格拉底的「辯證術」作爲是一項價值學的方法，也可以作爲是建立理性宇宙論的方法，因爲內心迫切要求那無缺失的美滿主宰了人的意志，同時那內心迫切要求的無缺失的美滿也是一切存在的唯一的原理。美滿的理想，對主體而言，可說是一種精神的解放；在智慧上，接近於神明的智慧（見《佘阿狄特斯》語錄 176b），在特殊個體的統一中，美滿呈現其客觀的形狀；在經驗生活中，美滿的要求好像是意志的伸張；在感覺對象中，美滿代表了理性知識。在自然目的論解釋中，爲了符合價值學的反省，感覺世界的組織必須是最美滿的統一的結構。同時爲了道德生活的統一性，目的論方足以決定價值，指示目標。感覺對象和自然物皆有其理型，因爲那些理型是出於內在迫切要求美滿的產物。又從這項內在迫切要求產生了宇宙整體的結構，例如天體星球的佈置。爲了宇宙的組織的美滿統一，那些理型（觀念）成爲結構的必需的條件。

可理解的世界，也便是感覺世界的基型理念，是抽象作用在思辯的形上學中的應用，而不單單是各種理型（觀念）的集合。可理解的世界具有「有機統一性」（organic unity），表現在感覺世界組織之中。這項組織從它的理性本質來看，是一個理想的世界秩序。在這項秩序之中，一切有機體獲得理想的實現。換言之，它們的實現是因爲

它們具備實現的理由（見《迪冒斯》語錄 30c）。從理型（觀念）的
宇宙論意義來說，理型便是一切存在的眞正理由。理型是由先驗的理
性來界定的。又理型是符合那一項內在迫切要求「普遍統一」而生
的。又從那項「普遍統一」的內在要求產生了宇宙美滿。有人說這世
界是依照理型（觀念）而被創造出來的，他們無異在說這世界如此存
在既非出於必然，也非出於偶然，這世界是一個精心結構的藝術品，
這便是它被創造的目的。

四、世界秩序與神聖智慧

談到理型（觀念）具有目的論的意義，藉用譬喻加以說明，往往
足以引起曲解。實際上，理型具有目的是無庸懷疑的。感覺世界在流
變之中，它的存在並不具有必然的理由，可是流變的世界是從永恆
界產生出來的（見《迪冒斯》語錄 28b）。假如這個由感覺所得的流
變世界不符合某些內在的對美滿的迫切要求，又假如這個由感覺所得
的流變世界不曾產生理想的秩序，使那項追求美滿的迫切要求獲得永
恆的展示，換言之，假如這個宇宙的產生不是來自「一個可理解的永
恆的、美滿的模特兒的影象」（as an image of an intelligible,
eternal and perfect model），那麼，這個宇宙的存在是缺少充足
的理由（見《迪冒斯》語錄 29a-30c,d）。所以柏拉圖在《迪冒斯》語
錄中歷述宇宙創生的歷程，指明這個宇宙的創作者——「上帝之輔佐」
Demiurge —— 以感覺世界未確定的物質爲材料，以內心模特兒爲藍
本，致力於產生了那個模特兒的摹本（見《迪冒斯》語錄 30a）。後
來基督宗教根據他們經典中的「創世紀」，認爲上帝創造了世界，所以
世界的一切被包括在上帝智慧之中。於是在基督世界之中「世界罪惡

問題」困擾了他們，使他們寢食難安，因爲他們加深了世界罪惡，而生活於罪惡之中，不能自救，只有等着上帝最後的裁判了。在柏氏《迪冒斯》語錄中，宇宙創作者具有一種功能，他能根據他的運算，來決定宇宙間事物的形狀大小、運動速度、普遍結構和基本輪廓。凡此皆一一符合一位藝術家內心迫切要求美滿所需的條件。

例如談到宇宙的形狀，當然以球狀爲佳，因爲球狀是最美滿的形狀，誠如萊伯尼玆所說，球狀以最小的外圍而獲得最大的容量（見《迪冒斯》語錄 33b）。至於天體的運動只能自我旋轉，因爲這樣運動最能保持速度不變（見《迪冒斯》語錄 34a）。面對天體的旋轉而地球不動，成爲宇宙的中心。在地球與天體之間爲了保持宇宙的和諧及時間的節奏，行星之間的距離必須要符合音樂上長短的音程（intervals）（見《迪冒斯》語錄 38c）。因此，宇宙結構經由數量的多寡獲得有機體的結構（見《迪冒斯》語錄 36c,d）。這項宇宙和諧的建立，必然影響到天體組成的元素，那些元素由粒子構成，而粒子是多面體形成爲「內接圓」（inscribed circle）。因此火的粒子是四面體（金字塔體），氣的粒子是二十面體，水的粒子是八面體，地的粒子是六面體（立方體）（見《迪冒斯》語錄 55d-56b）。

上面所談的宇宙論多少使我們有些感到奇怪，但是它確表示了理型（觀念）論的目的含義在宇宙論上獲得了應用。至於談到人的觀念，或者火的觀念，或者水的觀念，或推而廣之天下各式各類的一切事物各各有其觀念。這並不意味這些觀念由抽象得來，譬如，「人」這個觀念並不是由經驗觀察所抽象得來的普遍的觀念，它是一個先乎經驗的觀念，依據內在對美滿的迫切要求所加諸於人的界定。這個宇宙爲了它的美滿，需要人的存在，所以人的存在是必需的；同時人的存在顯現了合乎理性的生活。（見《迪冒斯》語錄 41b，在此節的原文

中,似乎曾對生滅界的種、類，提出問題,但是柏氏在後文中，直認獸類是人類遭受貶損的結果，這和現代達爾文的樸素的機械的動物進化論相鑿柄。就連亞理士多德也從目的論立場談生物現象，與後之「達爾文主義」及「新達爾文主義」異趣。）生物與自然物這些理型（觀念）皆屬於先乎經驗的,正好比是數學上的關係和本質,皆是理想的價值。但是生物和自然物的理型更接近於理想的價值，因為它們出自內在對美滿這個理想的迫切要求。那些理型(觀念)符合於宇宙有機統一的條件，而道德理念（行為規範的價值）符合靈魂內在和諧的條件，同時也符合人類團體所表現的相互意志統一的情況。那要求美滿的觀念和道德理念這兩者皆可用算術上「求最高效率法」(to solve the problem of maximum) 來解決: 前者，要看我們如何把無窮盡的差別相和流竄的雜亂無章化解為最美滿的統一; 後者，要看我們如何把一位生活在感覺經驗中的主體內在不同的傾向，化解為最美滿的統一(見《迪冒斯》語錄 34a,)。經由如此計算，我們決定了一個「理想的秩序」，那個秩序加諸我們意志之上，正如加諸「自然主宰者」(maker of nature) 之上一樣(見《迪冒斯》語錄 39e)。凡實現在宇宙中的秩序是理想秩序的表相，我們在我們生活行為中也須要實現那個表相。在宇宙中可見到的和諧,和統制智者靈魂的和諧,實在是一個相同的模特兒，取得了雙重實現 —— 這便是「物理目的論」(physical teleology) 和價值學的目的論相一致（見《迪冒斯》語錄 47b,c)。統制我們行為的和實現在宇宙組織中的永恆的秩序雖可作為是一個模特兒看待，但它未超越乎「神聖的理性和意志」(the divine intelligence and will)。它相當於內心合理意志的至高至上的迫切要求。它是經由理性精密計算的結果來加以界定的。正如萊伯尼玆所說的,這是「神聖的智慧」(Mathesis Divina)(見萊伯尼玆 *De rerum originatcone radicali in G. Phil. VII,* 304) 。

此項「神聖智慧」超越我們的理知。只有上帝能作此計算，使宇宙的組織到了最詳細的末節也一一獲得美滿的決定（見《迪冒斯》語錄68d）。可是話要說回來，這是「辯證術」在宇宙論上的膽大妄爲，要把宇宙的結構和每一事物的本質，從其最終目的加以考慮，予以先乎經驗的解釋（見《共和國》語錄 VI, 511b,c; VII, 532a,b, 534b)，同時「辯證術」企圖重行發現那出自神聖智慧的種種數學的計算。

五、「辯證術」與目的論

在《共和國》語錄中目的論成爲「辯證術」的課題。在後期的語錄例如《費卓斯》中，「辯證術」的功能似乎趨於式微。代之而起的是依據相似性從事於分類工作。發現在一「屬」（genus）之中的事物具有統一的類似性；再依據自然的分枝將「屬」又分爲若干「種」(species)。誠然「辯證術」用先驗的名相，能解釋天體的組織，也能驗證數學天文學中的假設。但是當處理生物現象時，必須依靠觀察來發現事物的高低層次。這項發現是根據假設事物的結構是有機性的。生物「辯證術」假設生命世界好像星球世界，它的組織來自神聖的智慧。凡是存在的事物是遵照比量而構築的，所以獲得最美滿的結構。

理型論把理型當作是感覺對象的基本型態，在宇宙創作者的理性觀照之中，獲得生動的顯示，在可看見的世界中獲得重現。不過每個理念的意義是由全體組織所提供的，那個組織的功能使分殊的部份團結一致，發生最高的最理想的效率，這是出自神聖理性的比量調配的結果。此項出自理型的目的論在《菲列巴斯》語錄中獲得重視。據云此

項目的論具有「畢塔哥拉的來源」(Pythagorean origin)，認為一切事物同時包含「無窮」(infinite)與「有限」(limit)（見《菲列巴斯》語錄 16c）。因此一切事物皆是「無窮」和「有限」的混合物，換言之，是「決定」與「不決定」的混合物（見《菲列巴斯》語錄 23c,d, 25b）。

　　何謂混合物？我們必須加以舉例證明：例如冷之於熱、弱之於強、小之於大、快之於慢等等。一言以蔽之，凡在緊張度上和尺寸上有大小之差者，皆屬於「不決定」這方面，歸之於「無窮」這一類中（見《菲列巴斯》語錄 24a-25a, 25c）。另一方面我們必須把那些不曾表現或多或少，或大或小的，具有決定性關係的 —— 例如「相等」「加倍」及一切數目與數目之間和比量與比量之間的關係，歸屬於「有限」一類之中（見《菲列巴斯》語錄 25a,b）。在「無窮」與「決定」之間的情況，正好比是在感覺印象與理性裁定 —— 經由比量 —— 之間所發生的情況。所有感覺與材皆介於兩個極端之間。換言之，在世界上並沒有絕對的冷和熱、快和慢、強和弱、大和小，只有比較的冷和熱、快和慢、強和弱、大和小而已。一切感覺印象皆介乎兩極之間，只因經由比量的介入，於是我們可以數字表達那些可理解的關係（見《菲列巴斯》語錄 24d）。

六、自然界高低層次 (the natural hierarchy)

　　自然界中事物不僅是我們思考所裁決的對象，並且各各存在於其組織脈絡之中。普通的比量如「相等」「加倍」等等並不是唯一的途徑，我們用來決定感覺印象，藉以使事物有客觀的呈現。在事物本身的許多特殊而又互不相容的對照之中，比量自然的被介入，使那些不協調的互成比例、相互和諧，因此使許多矛盾的部份經由各種不同

的組織而趨於整體的和諧。例如疾病必定是因為有機體中某些成份太多或太少而產生的，只能經由限制，使相互矛盾對立的獲得協調，於是健康可以恢復。在高低和快慢對立之間，引進了數量，才能使之產生和諧和節奏。在過度冷熱之間，引進比量之大小，足以決定四季平衡的氣溫。以人的行為而論，一旦我們能把「剛愎自用」(perversity) 和「貪慾無度」加以控制、遵守秩序，於是優良品德和道德美好便會出現（見《菲列巴斯》語錄 25d-26b）。

凡是經由「無窮」和「決定」所構成的事物，我們意指那些事物不僅是我們的思考所裁決的對象，並且「無窮」和「決定」表現在它們自身的組織之中，並且那些事物是出於「一項理智所引發的行為」(the action of an intelligent cause)（見《菲列巴斯》語錄 27b, 30c），那便是依照內在迫切所要求的秩序和統一而出現的。因此我們對於在《菲列巴斯》語錄中所談到「四範疇」的意義，獲得較為明白清楚的觀念：㈠凡實現在宇宙中的事物皆屬於「有機組織類」(mixtum-organically composed)。㈡「無窮」者，可能世界。㈢「決定」者，現行世界（正確的說㈡與㈢只是原理，而不是眞際。但是作為原理的「無窮」（可能）和「決定」（現行）介入每一個眞際的構築之中。）（見《菲列巴斯》語錄 27a）。㈣除去上舉「無窮」（可能）與「決定」（現行）這兩項原理之外，我們應思考到既由於這兩項原理的結合，使得事物獲得實現；然則促使「無窮」與「決定」相結合，必出於另外的某項「主動理由」(cause)，那項理由名之為「眞際的超越原理」(the transcendent principle of reality)（見《菲列巴斯》語錄 27b）。

從分析《菲列巴斯》語錄，我們明見理型（觀念）是不能與事物分開的。事物賴以構成的「決定性」是隱藏在事物之中，它進入事物

的構築之中。可是那構成「決定性」的理由，包含在一項絕對的內在迫切要求之中，也可說是包含在一項組織的超越原理之中。在《菲列巴斯》語錄中，理型（觀念）並不和感覺對象對立，理型被看作是理想的組織，經由宇宙創作者，在感覺世界中獲得實現。同時在這個語錄中，因爲對於宇宙的構築要求有一個超越的理由，所以我們體認到有機體的結構和組織在本體論立場上是先乎感覺世界，因此更加重了理型的目的性。它具有做爲一切事物基本類型的價值，就整個宇宙組織而論，顯然是出於神聖理智精密計算的結果。每項事物由組織而成，而組織又來自各種特殊的歸於統一和諧。每項事物具有限度，來自比量（見《菲列巴斯》語錄 26d）。 如此神聖的理性舖設了途徑，使宇宙的「辯證術」成爲可能，不管用它來解釋星球的秩序，或者用它來發現一切存有的自然高低的層次。

七、比量與「辯證術」

「辯證術」一開始好像是一項方法，較諸比量具有不同的用途。比量使我們取得對事物的客觀決定性，從「辯證術」我們期望獲得有關價值的客觀知識，所以「辯證術」又必須是一項價值學的方法。當我們對於數學領域中客觀性的條件加以反省思維的時候，我們發現那項「至高無上的內在迫切要求」（以現代哲學術語言之，此「內在迫切要求」乃「邏輯必然」logical necessity）統治一切思想，同時那項內在迫切要求在推理的層面，明白的表現在數學求眞方面。

此項「內在迫切要求」成爲我們精神生活中最深藏的欲望,爲了滿足此項欲望；爲了界定那加諸我們意志之上的價值（指道德倫理之價值）的客觀性，我們勢必採用(一)數學思想（指演繹推理）。(二)可理

解的關係（指可以用數量或者圖式表達之關係）。（三）數字藉以提供比量，決定其數值。從其應用的對象來看，「辯證術」與比量技術大不相同，「辯證術」應用在裁決（換言之選擇）那加諸意志之上的理想。在《政治家》語錄中，柏拉圖區分比量技術有兩種：一種是事物之間的比量，另一種是以正確的量度來比對當前的事物（見《政治家》語錄 283d,e）。

第二種比量的應用是生活藝術所必須的，假如不參照正確的量度，一位工匠無法設計而使部份參與整體恰如其份，以達到某項預期的效果（見《政治家》語錄 284a-d）。同樣理由，宇宙組成爲一「有機體」（mixta），包括「無窮」與「決定」兩個成份，依照了神聖理智的比量，使宇宙整體獲得最佳的組織。那依照正確的量度在宇宙中所實現的構築，正好比照那「內在迫切要求統一」加諸人人的意志上所促成的行爲的結構。（見《迪冒斯》語錄 31c-32a 中蘇格拉底曾說：「宇宙創作者依照比例來組織世界，正好比正義之士建立了靈魂的和諧」——後一句見於《共和國》語錄 IV, 443d,e。又在《喬吉亞》語錄 508a 中，蘇格拉底曾宣稱：「幾何學上的相等在上帝手中和在人的手中具有同等的威力。」）因此，我們可以說依照相同的數量計算，事物的基型與行爲的規範獲得了裁定。兩者又同出於「內在迫切的要求」，與理想的價值相似，自然事物的理型是經由辯證的數量計算——關係與數量——來界定的。此項對自然事物的界定並非一項對外在感覺與材的裁定，而是對那「內在迫切要求」的裁定。不管是宇宙組織的形式（生物的理型），或者微塵體積的形式，或者自然界混合物的形式，皆經由數學的比例，表現出美滿的統一性。那些形式或者理型與價值學上「理想的意念」（the ideal notions）是一體的。「正義」正好比「健康」，在基本上是建築在一項數量比例的基礎

之上，而那項比例恰好是正確的量度（見《共和國》語錄 IV，444d）。

總結　理型是知識、行為與存在的理由

「辯證術」作爲比量技巧，是一項超越的數量計算，只有神聖的理智或者神聖的智慧纔能加以扮演。它充份的說明了理型（觀念）在宇宙論上的重要性不遜於它在知識論上的重要性，同時理型論自身便蘊含了價值學的意義。作爲在自然事物中所顯示的永恆的理性，理型（觀念）不可能降低爲純粹數學上的關係或者數量，因爲理型是一項價值，可是那價值必須要經由數學的名辭加以界定。在這項意義上，理型（觀念）便等於數字（見亞理士多德的《形上學》$\varLambda$, 8, 1073a, 18-19），用來表達那個絕對的「內在迫切的要求」（此所謂「邏輯必然」）。相反的，幾何學上「圓」（circle）乃是一項可理解的關係而已，具有真的不變的本質，但是它並不具備理型（觀念）所具備的真實性。談到天體星球的結構，它們屬於世界永恆的秩序，由關係、數字、和形體來加以界定，並且由絕對的內在迫切要求（邏輯必然）來加以裁決。這個世界不僅符合幾何學上所說永恆真理，並且也符合那至高無上理性不變的秩序，而其「內在迫切要求」則表之以數字。當我們宣稱我們發現事物的理型（觀念），無異在說我們在內心中發現了真理，而那時內心充滿了超越的光亮。同時，也無異在說「內在迫切的要求」提供知識的可能性，又爲一切精神活動提供了規範，加諸我們意志之上，並且提供一切存在以價值與意義。

第三章　柏拉圖靈魂論

前　　言

在語錄中柏拉圖所已提出的概念與理型多多少少一一具有比較明確的輪廓，使讀者可以把握，唯有「靈魂」這個概念與理解最爲攪擾不清。正如他在《共和國》語錄中借蘇格拉底之口感歎道：「我今生今世將無從確知『靈魂』眞正的性質。」(*Republic,* 611b-612a)。於是他在不同語錄裏用種種比喻說辭，來描寫「靈魂」的性質。在《共和國》語錄中他曾比喻「靈魂」是眼睛，他說：「在光亮叡智中的眼睛可以看見眞理。」(*Republic,* 508b-d, 518a-519b)。在《菲列巴斯》語錄中柏氏把「靈魂」比譬作一本書：「在那本書裏，由知覺的回憶寫出那本書的內容，而由想像繪製出書中的插圖。」(*Philebus,* 38e-39a)。在《喬吉亞》語錄中柏氏把「靈魂」居於肉體中比成是人死了埋在墓中；他又引據西西里島上人（Sicilians）的傳言把「靈魂」比成是水罐：「那被慾念所苦的靈魂好比是漏水的罐子；同時又因人的慾壑難塡，所以那罐子裏的水永遠裝不滿。」柏氏又提到有人把「靈魂」比作篩子：「篩子無法盛裝東西，正好比某種人既不能堅持他的信念又容易健忘，什麼東西都記不住。」(*Gorgias,* 493a-d)。在《費卓斯》語錄中柏氏形容「靈魂」好比是雙馬駕駛的車子：「那

執鞭駕駛者是理性，雙馬中稟性高貴的是善良意志，那稟性惡劣的是濫慾。」(*Phaedrus,* 246a-253c)。又在《共和國》語錄第四書裏，柏氏形容「靈魂」對於一個人的立身處世，正好比「正義」之於一個城邦的政治。換言之，「一個具有健康靈魂的人，正好比一個合乎正義的城邦政治。」(*Republic,* 435c)。

為什麼柏拉圖用了這許多不同的比喻，來討論靈魂是什麼和靈魂具有什麼功能？作者認為我們必須體認希臘人傳統的靈魂觀，包括希臘人的「泛神論」和「靈魂不朽論」，當蘇格拉底時代已經遭遇到種種挑戰。希臘傳統的奧林匹亞宗教認為天上人間滿佈著神明和精靈，不僅自然界如天地山川、日月星辰、四時寒暑、晝夜更替、生死存亡皆由神明掌管，就連人類喜、怒、哀、樂種種情緒，心智技藝、愛恨情仇、清醒與睡眠、智慧的取得和美術的創造，甚至於從事於戰爭，一一都受神明與精靈的操縱和驅使。

可是，較早於或者與蘇格拉底同時代的自然哲學家已經應用當時的科學唯物論，解釋了靈魂種種活動和功能(正如今日之西方心理學)，放棄甚至於鄙夷舊的奧林匹亞的宗教觀。據亞里士多德的《論靈魂》(*On The Soul,* 404a)，德謨克萊特斯 (Democritus) 這位笑面哲學家認為「靈魂」是一種有火的或者熱呼呼的物質，是由原子所構造。又安披多克萊斯 (Empedocles)則認為「靈魂」是地、水、風、火四大所構成，其特質是運動不停和感覺特別敏銳，但並不具有神聖性。

又見於《費多》語錄中塞貝斯 (Cebes) 和謝米亞斯 (Simmias) —— 皆是畢達哥拉學派中人 —— 在牢獄中與即將面對死亡的蘇格拉底爭論不休，認為「靈魂」和其他事物一樣不可能不朽❶。蘇氏不勝感慨地指出那比他年長的哲學家安納沙哥瑞斯 (Anaxagoras, 500-428

B. C.）使他失望，因爲安氏把「靈魂」當作是物質來看待，既不足以說明「靈魂」所提供的精神作用，又不足以說明宇宙萬有的價值緣起（*Phaedo*, 97c-99d）。

事實上，關於「靈魂」的性質與作用，往往神妙到難以用語言來描寫，更出乎想像之外。蘇格拉底既不滿意當時那班自然哲學家對「靈魂」所作的唯物論的解釋，但也感到技窮力竭；於是保持希臘傳統，認爲「靈魂」有其神聖的來源，並且強調「靈魂」與眞、善、美、聖諸般價值具有密切的關係，於是採用比喻、神話、寓言來引導讀者藉以窺探「靈魂」的奧妙特徵。

在《費卓斯》語錄中，柏拉圖把「靈魂」比譬作是御者駕駛雙頭馬車，又形容「靈魂」具有雙翼，可以翺翔天界，與神明爲伴，亦可降落人間，認知價值，指導人生。該語錄開端於費卓斯與蘇格拉底不期而遇，在伊里色斯（Ilissus）河畔樹蔭下二人漫步。費氏懷疑有關在伊里色斯河畔北風之神擄走雅典公主之事❷，蘇氏表示他不願對古代神話企圖加以合理的解釋，因爲不管對於神話加以如何解釋，皆是徒勞無功的，不如遵守戴爾菲神廟廟宇上的格言:「自知之明」(Know Thyself) 爲妥。蘇氏勸導費卓斯說:「追求自知之明，遠比懷疑神話來得重要。」當蘇格拉底宣讀當時著名演說家納西阿斯（Lysias）所作有關戀愛的講辭時，費卓斯頗不以爲然，並表達他對於陷於戀愛

---

❶　謝米亞斯和塞貝斯是畢達哥拉學派著名學者腓羅勞士（Philolaus）的學生。他們是該學派年輕一代的代表。他們接受該學派的科學理論，但不信該學派的宗教。蘇格拉底企圖提醒他們有關該學派的宗教信仰，使他們知道該學派的科學理論與其宗教信仰不符合。見泰勒之《柏拉圖其人其創作》第 175 頁（A.E. Taylor, *Plato, The Man aud His Works*, New York, Methuer, Inc. 1960; p. 175）。

❷　希臘神話傳說北風之神波瑞斯（Boreas）愛上雅典公主歐瑞希亞（Orthyia），求婚被拒。趁公主遊玩於伊里色斯河畔時，將之擄走。（*Phaedrus*, 229a-c）

者的蔑視。 他認為陷入戀愛中的人為其所愛之對象所奴役， 失去理性， 誠屬不智 (*Phaedus*, 237b-241d)。蘇氏則不同意費氏之言，他認為陷於戀愛中人或許較一般人為瘋狂，但此瘋狂未必是災害，可能是神明的賞賜，使人能生巧慧，例如「先知者」、「巫覡」和詩人等等皆屬於瘋狂形態的人。又陷於戀愛發狂的人也許出於神明的感召，能創造出比較一般有理性的人所能創造的更偉大的善業， 也許能享受更高的幸福。

由討論戀愛問題開其端，蘇格拉底引導費卓斯進入有關神的「靈魂」和人的「靈魂」的討論。「靈魂」究竟具有何種性質？ 從事於何項活動？由「靈魂」活動取得何種經驗？皆成為中心話題。可是關於「靈魂」的討論亦紛紛見於其他語錄，我們勢必要採取見於其他語錄有關「靈魂」的見解與《費卓斯》語錄加以參酌比較，刻劃出柏拉圖的「靈魂」論。

壹　靈魂不朽論

一、運動論證與宇宙靈魂

在《費卓斯》語錄中柏拉圖認定「靈魂是宇宙運動第一原理」，用以說明「靈魂」最重要的性質是不朽：「靈魂」是繼續不斷地在運動，它的運動不是由其他事物所引起的，而是「自發自動的」(self-mover)。凡是由其他事物所引發的運動，一旦那引發運動的事物變化了或者消滅了，運動便中止了。只有自發自動的運動是繼續不斷的、永無休止的。因為「靈魂」是永無休止的自發運動者，所以它是永恆不朽的。

在柏拉圖看來這宇宙是有生機的、活的宇宙。其所以能如此是因

爲「靈魂」在那兒操持一切。宇宙間萬事萬物的生、住、異、滅正所以顯現「靈魂」的功能。所以「靈魂」是宇宙間第一原理（*Phaedrus,* 245c-246a）。在柏拉圖看來，凡是永恆不朽，必然是神聖的,牠先乎一切而有，美妙圓滿（*Laws, X,* 896a-899c）。「靈魂」不僅是宇宙間一切變化與運動的原動力，同時它又具有理智和聰慧，它能在變化中找出眞理，並能爲萬事萬物安排得井然有序，使各事各物各盡其職，各得其所。柏拉圖在《菲列巴斯》語錄、《迪冒斯》語錄和《法律》語錄中皆提到了「宇宙靈魂」（world soul）。

在《菲列巴斯》語錄中，蘇格拉底曾說道：「人的體內之火是來自那光輝巨大的宇宙之火，而人的『靈魂』也來自那更美滿更偉大的宇宙『靈魂』。那『靈魂』先天地而生，是宇宙萬有的起因。日月運行、四時寒暑、自然秩序皆由它安排，只有它當得起『理智』『聰慧』的美稱。」（*Philebus,* 29a-30d）。

在《迪冒斯》語錄中，迪冒斯曾說道：「凡事物根據於理智功能被創造出來的，遠比不依理性功能所產生的事物美好得多了。所以說神明曾把理性的功能安置在「靈魂」之中，而「靈魂」又被安排在健康美好身體之中。萬事萬物皆是如此,這誠然是神明所賜予的恩惠。」（*Timaeus,* 30a-31b）。「這佈滿全宇宙的『靈魂』是不可見的；在一切創造物中『靈魂』是最完善的、是最美妙的。它自動不息，永生不朽，顯現秩序和和諧的特性。」（*Timaeus,* 36c-37a）。

在《法律》語錄中,柏拉圖描寫這自動不息的「靈魂」,如何介入生物界：「靈魂以其自動引發一切在天空中、陸地上和海洋中的生物，使他們一一賦有生命。而生命現象表現爲他們的希望、反省、預見、審察、判斷、快樂、痛苦、恐懼、慾求、恨、愛等等活動。」（*Laws, X,* 897a-b）。「不論靈魂是在體內直接指導，或者經由其他方法間接

引導，使我們不得不承認宇宙萬有充滿了靈魂，那是神聖的目的。」
(*Laws, X,* 899a)。

從以上引語看來，柏拉圖顯然承繼了希臘人傳統的「泛靈論」
(pan-psychicalism)的思想，他把這項理論企圖用來解釋宇宙萬有
的活動和目的。此項企圖確具理性主義的色彩和科學探索的精神。他
把「靈魂」界定爲「自發自動的動者」，作爲是宇宙萬有運動和生命
的第一原理，深刻地影響亞理士多德的哲學，尤其是亞氏在生物學上
所採取的「目的論」(theory of teleos)。亞氏的「目的論」可說
是柏拉圖「靈魂論」的衍生。可是「靈魂」不僅是「自動自發的動者」，
同時又是動者恆動、永生不朽的。

爲了闡明「靈魂不朽」，柏拉圖在不同的語錄裏顯然提供了以下
種種論證：

二、靈魂與肉體分離論證

《費多》語錄主要在描述蘇格拉底在牢獄中，最後一日和他的學
生兼朋友的對話。而對話的主題在那種特殊情況之下，不由得不討論
到死亡問題。蘇氏已經拒絕他的學生兼朋友繳納贖金而重獲自由的獻
議，蘇氏在不願背叛他所出生的雅典城邦法庭的定讞，已決心飲毒赴
死。當他和他的學生兼朋友訣別之前，蘇氏暢談他的靈魂不朽論。顯
然因爲他堅信靈魂不朽，所以使他飲酖之前，從容不迫，視死如歸。

蘇氏的靈魂不朽論最重要的論證是靈魂與肉體分離論。蘇氏認爲
靈魂獨立存在，不因爲肉體的腐爛而喪亡。謝米亞斯曾經問他：「世
間果眞有所謂『死亡』這椿事嗎？」蘇氏回道：「世間誠然有死亡之
事！」但是蘇氏反問謝米亞斯說：「你的所謂死亡是不是指靈魂從肉體

中解放出來？那是說靈魂自肉體中獲得了解脫；而不是靈魂的死亡。換言之，那是肉體脫離了靈魂，同時也是靈魂脫離了肉體而已。試問『死亡』除此以外，還更有其他意義否？」(Phaedo, 64c) 在蘇氏看來，靈魂並非依靠肉體而存在的。死亡並不代表生命的終止，肉體可能因死亡而死亡，但是靈魂可以獨立存在。換言之，蘇氏在《費多》語錄反覆說明人死後靈魂可繼續存在，企圖使他的學生兼朋友相信靈魂不朽，也正所以使他的朋友面臨與他生死訣別之時，在精神上有所慰藉。

三、生死輪迴、相對相生論證

先乎蘇格拉底，有些哲學家已採用了「對立相生」(the opposites generate each other) ❸ 的道理，說明大小、冷熱、睡眠與清醒種種相互對立的事物，同時又是相互依存的。譬如某項物件由增加可以由小變大；由減少而由大變小。又如由冷變熱，由熱變冷；或者如人由睡眠變爲清醒，由清醒變爲入睡。蘇氏由此項「對立相生」之理推論說：「生與死是相對待的。生必出自於死，而死必出自於生。因此，人死後其『靈魂』必存在於某處，以待再度投生。」(Phaedo, 70d-72d)。蘇氏這項信念是傳自「希臘奧菲爾神祕宗教」(Orphic religion)。這個宗教每年都爲「達昂尼修斯葡萄神復活舉行慶典」(Dionysian Festival)，他們相信生死輪迴、靈魂不朽。

---

❸ 靈魂轉世輪迴是古代希臘人相信宇宙萬物無盡輪迴自然法則之一部分。早於蘇格拉底的自然哲學家認爲世界萬物是由「對立」所構成的，因爲相對立的事物有相害相成的關係。蘇氏在此提出「清醒」與「睡眠」、「生」與「死」的對立關係，正是自然哲學家海拉克萊特斯的信念。

可是，蘇氏把「生死」相對與「大小」、「冷熱」的相對等量齊觀，顯然犯了比譬不倫的錯誤。「大小」、「冷熱」只是程度上的差異，而「生死」之間的差異不可能是程度上的差異。後來亞里士多德批評蘇氏犯了用辭不當的錯誤。亞氏認為熱的東西變冷了，這個變化是確有其事，但我們不能說冷是由熱產生的。照亞氏的用語來說東西由熱變冷了，只是說那東西失去了熱的形式，而取代以冷的形式而已。依同理，生死不能視為是「對立相生」的。

蘇氏在沒有為他的靈魂不朽陳述論證之前，已經接受了奧菲爾宗教靈魂轉世、年年復活的信仰。因此蘇氏在未經思想辯證，已經肯定了靈魂不朽的道理，顯然犯了持論躁切的過錯。

四、「靈魂前在」與「學習即回憶」論證

上舉蘇氏在《費多》語錄中所陳述靈魂不朽由於生死「對立相生」之理，顯然不曾引起費多等人的爭論。可是在思辯之中引出了「靈魂前在」的問題，因為即使蘇氏能證明靈魂在死後仍然存在，也不能相信靈魂一定不朽，除非能證明靈魂在未介入肉體之前，已經獨立存在了。於是蘇氏提出了「學習便是回憶」（Learning is recollection）的理論，說明靈魂必然前在，否則我們無從回憶先天已有的知識。

在蘇格拉底看來，人必然生來便具有先天的知識，在日常生活中凡依正常道理所提出的問題，人人都能憑其先天的知識予以正當的答案。最好的例子如幾何學，人能根據幾何學的形體和定義，便可做出正確的推理，證明了某項幾何命題。這豈不證明人必具有先天的知識❹(*Phaedo*, 73b)？

　　根據蘇氏的分析，回憶約有二種：（一）因相似的事物所引起的，（二)因不相似的事物所引起的。所謂「由不相似的事物所引起的」回憶，例如看見阿珠彈古琴，使我回憶阿瑗也曾彈古琴。同是古琴，而引起與當前所見彈琴的人不相似的回憶，這便是所謂「睹物思人」的那種追思。

　　另一項出諸目睹相似事物所產生的回憶。例如我們曾看見大小尺寸相等的衣服和鞋子，或者手杖和鎮紙，使我們喚起記憶中「相等」的那個理型。那個理型是我們思維的對象，具有永恆性、絕對性與圓滿性，同時又是先乎經驗，與生俱來的。感官經驗不足以構成知識，它只能引發我們作理性的思維，一旦那個感官經驗與理性思維的結果相符應，我們便認可那是知識，但不一定是絕對眞理。由相等的事物（感官經驗的）而喚起「相等」的理型，這是由相似的事物而引起的回憶。

　　學習不是由感官經驗，而是由「喚起記憶」得來的。感官經驗只是一樁物理的、生理的事件而已，必待喚起記憶中那些「概念」、「觀念」、「價值」和「意義」（在柏拉圖哲學中名之爲「理型」）方能構成知識，所以說「學習卽回憶」（*Phaedo*, 73a-75c）。只有「理型」知識足以提供我們以絕對眞理，而這些理型知識既不在感官經驗中，勢必在人的靈魂深處。靈魂必先乎肉體而存在，否則，由學習而求得眞理（喚起記憶中的理型知識），便失去眞理所憑借的種種「理型」。

五、靈魂不毀之論證

---

❹　柏拉圖在《曼奴》語錄裏將這個道理發揮得淋漓盡致。他以蘇格拉底曾教導一個男童奴隸取得幾何學的知識爲例，說明學習便是回憶。

　　根據以上有關靈魂不朽的論證,蘇格拉底已經建立了:(一)靈魂有獨立存在性;(二)靈魂存在於死亡之後;(三)靈魂存在於出生之前。現在就靈魂不毀（unperishability）論, 足成他的靈魂不朽論。

　　在蘇氏看來, 當死亡時, 肉體朽腐而靈魂則不然, 靈魂與肉體屬於不同類的事物: 肉體是各種不同之部份構成的（composite）, 而靈魂不是由部份構成的（incomposite）。 因為靈魂不是由部份構成的, 所以它不會解體成為各個部份, 同時也不會發生變化。

　　在蘇氏看來, 靈魂獨具理性。它能不受感覺的干擾, 直接認識理型。感覺所接觸的是生滅變化中的事物, 只有不毀的靈魂能理解「真如界」(absolute Reality) 的理型。理型與靈魂為居於同一世界中的事物: 他們是不可見的、不朽的、理性的、單純的、不可分解的、近乎神聖的。而肉體是屬於生滅變化世界的事物, 它是凡俗的、 感覺的、容易朽腐的、可分解的複合體 (*Phaedo,* 78a-c, d-e, 79a-d)。

　　在《費多》語錄中, 蘇氏把靈魂與肉體作了強烈對比。在蘇氏看來, 當人在生之日,靈魂受了肉體的囚禁,不得自由自在; 並且受了由肉體而生的種種情慾所干擾, 不得清淨; 甚至於顛倒迷惘墮入痛苦深淵。只有哲學家立志抗拒情慾的困擾, 鼓勵靈魂能駕御肉體, 藉以完成「以理潔情, 以情潔慾」的生命蓆境。所以哲學家面對死亡, 應無所畏懼。相反的,哲學家視死如歸,盼能解脫。在該語錄中, 蘇氏一再呼籲哲學家的志業便是時時 「預習死亡」(rehearsal of death) 以期待死亡 (*Phaedo,* 67c)。假如讀者能體諒蘇氏在《費多》語錄中發言時之心境, 當不致於以「哲學家之生活為預習死亡」為過甚其辭。實則蘇氏所諄諄告誡者, 望世人不為感覺印象所干擾, 不為低級情慾所困惑, 時時得保持清明神志, 追求高級智慧, 是為人生幸福的鵠的。在蘇氏看來,談到為人的道德,不應當只用快樂與痛苦來衡量它。

同時快樂與痛苦或者恐懼與勇敢這一類價值,不能用數量來計算它們。譬如說有節制的快樂大於縱慾的快樂, 或者說勇敢的快樂大於恐懼等等。我們必須理解有關道德價值的認知是絕對的, 那是靈魂所直接觀照的, 那是智慧, 那是眞理。只有認識眞理、備具智慧的人能免於恐懼, 行事勇敢; 只有具備智慧的人才能節制自己, 不爲過甚; 只有備具智慧的人才能行事正直無私; 換言之, 只有備具智慧的人才能理解什麼是眞正的善, 而實行善。快樂與痛苦和勇敢與恐懼等等之或有或無, 原屬感情上的問題, 與眞正的「善」並不相關。一切建築在情緒上的道德體系皆是妄誕不稽之談, 旣不眞實, 又嫌俗陋。而眞正的道德理想, 無論是自我節制, 爲人正直, 或爲人勇敢不懼, 皆須去除擾亂淸明神思的情緒干擾。這便是任何人在獲得智慧之前, 所應有「淸除污染、潔淨內明的工作」(purification) (*Phaedo,* 69b)。

　　在《費多》語錄中, 蘇氏闡述「靈魂」與肉體之間的關係,在若干處蘇氏顯然卑視肉體,以肉體爲「靈魂」之墳墓。而哲學家之能事便是使「靈魂」不受肉體之污染。其道無他, 但使「靈魂」遠離眼、耳、鼻、舌、身、意之外在接觸, 而與價值理型爲伍。 於是朝夕與「至善」及「純理之美」相親近。換言之, 使「靈魂」脫離塵世之羈絆, 棲身於智慧之園地, 永遠與神明作伴 (80e-81a)。蘇氏一再言「預習死亡」, 爭取「靈魂」不朽, 使讀者懷疑其或曾受來自北印度小乘佛教 (原始佛教) 論師之影響。

　　蘇氏認爲靈魂不毀, 不僅是因爲「靈魂」不是由各種不同的部份所構成, 所以「靈魂」不會解體, 同時「靈魂」與「理型」同科, 他們都是不經由感官而被認知的、單一純淨的、永存不變的, 所以是神聖不毀的。「靈魂」旣然不毀, 因之, 也便永生不朽。

　　蘇氏的靈魂不朽論在當時已是各派哲學家爭論不休的問題。有的

以爲靈魂不過是附加在肉體上的附加物，或者是一種無實質的陰影幽靈而已。蘇氏和柏拉圖站在知識求眞的立場上，他們拒絕接受當時流行的學說：「先由大腦提供給我們視、聽、嗅、味等感覺，再由這些感覺產生了回憶與信念，再由回憶與信念建立了知識。」(*Phaedo*, 96b)。他們認爲由感覺所獲得的不可能構成知識，因爲感覺的對象是變動不居的。只有「靈魂」才能把握理型，由理型的認知，我們方能求得眞的知識。他們顯然以理型論來支持他們的靈魂不朽論。

談到「靈魂」問題，於蘇格拉底的時代或先或後，在東方中國和印度皆有哲人加以闡述。見於中國古書《禮記·禮運》則謂「君與夫人交獻，以嘉魂魄」；於《禮記·郊特牲》則謂：「魂氣歸于天，形魄歸于地。」是則古代中國人以「魂」爲「靈魂」，屬於天，以其無形而不朽。而「魄」似指肉體而言，以其有形而歸於地，言其將與萬物同腐也。在印度，無著世親菩薩所創「法相唯識宗」於眼、耳、鼻、舌、身五識外，加「意識」、「末那識」及「阿賴耶藏識」，而以「阿賴耶藏識」爲一切緣起，是爲「見分」（感官之所感）「相分」（一切「理型」，包括觀念、概念、理論、原則等等。）蘊藏之所，亦爲記憶追思之所從出，殆若柏拉圖所言之「理型世界」。但「法相宗」之「阿賴耶」包括前生前世習慣種子，多藏污垢，與柏拉圖視「理型世界」爲「永恆、絕對、美滿之世界」不恰稱。且柏拉圖雖卑視物質世界，但建立了普遍理型價值世界，大異於「法相宗」之「清淨」與「污染」所謂「一心開兩門」之二元世界也❺。

至於現代人自法哲笛卡爾以來，視靈魂更趨向於物質化。有人視「靈魂」爲大腦之某部份：「大腦皮質」，或「腦後松果腺」（pineal

---

❺ 《大乘起信論義記》法藏撰「大藏經」四四冊，頁 240-286。

gland）。更有人化「靈魂」之研究爲「心理學」：行爲派採取絕對機械論（假科學）視「靈魂」爲發自制約反射之生理行爲。分析派認「靈魂」爲一匪夷所思之「潛意識」（subconsciousness），爲一切貪求、妄想、情慾、衝動，乃一切不可告人之「黑念頭」的儲藏所。一旦「黑念頭」受過份壓制或者突然爆發，其結果在個人爲悲劇的存有（或爲神經病患者、或爲精神病患者）（in tragical flight），在人類爲殺戮浩刼。更有「靈學派」（parapsychologists）雖不否定「靈魂」之存在，但簡化之爲非常態的心理研究：如「千里眼」、「傳心術」、「直觀照」及種種近乎幻術之心理遊戲報告。是故現代人不僅對於靈魂之存在已經存疑，更談不上靈魂不毀及靈魂不朽了。

貳　靈魂的神話與第四類瘋狂

蘇格拉底的靈肉兩分法，在早期語錄中言之鑿鑿，但是在事理上畢竟有困難。談靈魂不朽只能當作是一項假設，因爲不曾有人死後復活，告訴我們當靈魂脫離肉體後有何經驗，更不會告訴我們他的靈魂如何回歸肉體再投生世間。同時我們在世間所接觸的皆是靈肉一體的個體或者個人。我們不曾接觸過只有肉體而無靈魂的個體或者個人，假如有的話，那個個人便是「行屍走肉」。同時我們也不曾接觸過只有靈魂而無肉體的個體或者個人，假如有的話，那個個體或者個人便成爲「孤魂野鬼」。

但是蘇格拉底爲了要使他人相信他的靈魂無毀且不朽論，他訴諸神話。

一、靈魂飛翼的神話

在《費卓斯》語錄裏，蘇格拉底運用了詩的想像，敍述了靈魂飛翼茁壯與損毀的故事:「話說天王宙斯駕着他的飛車，領先出發,隨駕諸神靈井然有序地追隨其後。除去宙斯的妹妹郝絲蒂亞 (Hestia) 留守天庭以外，幾乎所有大小神靈皆扈從天王，共分爲十一編隊。而沿途其他神祇駐足旁觀或者追隨其後，緩緩浮空而過，飛向天界高峯。天王宙斯及諸神祇迅卽登上高峯，蓋以其飛車之馬匹馴良，加之駕御者善於調治。但隊伍之中亦有少數飛車以雙馬禀賦不同 —— 一馬馴良、一馬頑劣 —— 使駕御者大費周章，以致飛車落後，終於仰望高峯，不得登臨，於是徒呼負負，不禁感嘆 (Phaedrus, 246a-b)。

「天界之上一切存有，無不美滿。只有善於駕御靈魂，使理性戰勝物慾，使認知不受外界干擾，方能因其本性辨認『正義』『節制』『眞知』種種理型。於是靈魂得以『美滿的存有』爲資糧，於是掌握了智慧之珠，以理型爲伴，與神靈爲友。而此類靈魂之羽翼必然茁壯豐滿，足以使其翺翔於天庭之上、神明之所居。日親純理之美使其羽翼更加強壯，堪與神祇並駕齊驅。」

「可是，一旦理性失控，情慾氾濫，靈魂之羽翼殲毀，落入凡塵，於是不得不依附笨重物體，以圖存有。此笨重物體在人則爲肉體。一旦靈魂入於肉體，則將忍受塵世間種種慾念之干擾，失去了其高貴、超越、清明的性質，無由體認理型之美，喪失了獲取智慧之能力，只能與貌似眞相 (semblance) 爲伍」(Phaedrus, 247c-248b)。

二、靈魂轉世說

在《費卓斯》語錄中，蘇氏由討論靈魂羽翼的茁強與殲毀，觸及靈魂轉世的說法。凡是羽翼茁強的靈魂必能追隨神祇之後，翱翔於絕對的、美滿的、永恆的理型世界之中，把握眞理，行爲美善；若是一旦靈魂遠離神聖規範，屢屢違背善良、干犯錯誤，靈魂羽翼必將枯萎，而終至於失落。一旦失落羽翼，靈魂便墮入塵世，靈魂將忍受世間情慾熾盛、妄求不得，及感官世界虛妄不眞、恍惚不定之苦。

據云「靈魂羽翼失落第一次遭此坎難之時，不致於轉入野獸軀殼中。凡在前世靈魂朝夕親近眞實存有，與價值理型眞、善、美、聖爲伴，則第一次將轉世入於嬰兒體中。一旦此兒具此高貴靈魂，必將獻身於追求眞理，創造美的典型，所以他可能是一位文藝女神繆司（Muses）的門徒。其第二次，此一靈魂可能轉入一位守法的君王體中，統治一個城邦。第三次此靈魂可能轉世投入一位從政者，或者一商人體中。第四次此靈魂可能投入一位運動員，或者體育教練者，或者一位醫生體中。第五次此一靈魂可能投入預言家或者神祕教主體中。第六次此一靈魂可能投入一位詩人或者造形藝術家體中。第七次此一靈魂可能投入一位工匠或者農夫體中。第八次此一靈魂可能投入一位詭辯家或者小政客體中。第九次此一靈魂可能投入一位暴君體中，其遭遇則爲惡念與私慾所奴役，不得超生。」（*Phaedrus,* 248c,d-e）。

「可是在此靈魂轉世的歷程中如能改過遷善，以奉行正義爲生活之目的，將獲得較佳的投入對象。否則，爲貪婪私慾所奴役且貪得無饜，則將投入較差的對象。又靈魂一旦墮入塵世，雖歷坎萬年,也未必

能回歸美滿理型世界與諸神作伴。只有誠摯追求智慧者的靈魂，雖歷經三次，每次千年的刼運，但仍不稍減其追求智慧之熱忱，得以恢復其翱翔天界的羽翼。此項恢復靈魂羽翼的過程亦需屢經挫折艱苦。」（*Phaedrus,* 249c）。

「至於其他不能重獲羽翼之靈魂，因其在世行爲不端，且經過法律或社會公意裁判有罪者，被打入地獄，接受懲罰。其在世行爲端正者，亦得經裁判昇入天堂。總之，失去羽翼之靈魂必須經過每一千年方有轉世投胎的機會。當轉世投胎的時候，當事者可依其意願加以選擇。原在野獸體中的靈魂可以回歸人體，亦有原在人體中的靈魂投入野獸體中。只有那些能辨明眞理的靈魂才能回歸人體。所謂辨明眞理，多靠靈魂能認識理型，能將那些紛至沓來的知覺經驗，用理性作用加以整合，於是構成理解。而理解便是前世靈魂回憶與諸神作伴旅遊時，所見之事物。」（*Phaedrus,* 249c）。

蘇格拉底在《費卓斯》語錄中，如上所言靈魂轉世投胎，及天堂地獄種種，使讀者不禁想起小乘佛教所言生死輪迴，因緣果報之說，此兩者如出一轍。稽諸古代希臘人與古代印度北部「印歐語系的人」（Aryan），必早有旅遊及通商貿易之交往。此項小乘佛教之神話早已輸入希臘半島。或者此項天堂地獄靈魂轉世的宗教信仰出諸早於佛陀及蘇格拉底時代之「印歐語言之民族」，曁而傳入雅典城，及印度北部鷲峯山中，特小乘佛教言之較詳而已。談靈魂之六趣，則有餓鬼趣、畜生趣、地獄趣、阿修羅趣、人趣及天趣。談靈魂昇天則分別有十八天及三十三天之說❻。

中國儒、道（非漢代以後之道士）兩家對於宗教皆不熱中。談天地人三才之道，無不一本「自然主義」之精神（the spirit of

---

❻　《過去現在因果經》卷二、《大毘婆沙論》卷一七二。

naturalism）。孔子雖許神鬼之敎，但主張「敬鬼神而遠之」；孔子雖許有宗教典禮，但主張「神道設敎」。所謂「神道設敎」者，卽主張一切宗敎行爲其目的在敎育人民，律己向善而已。

三、愛知爲第四類瘋狂

據蘇格拉底心中所景仰之哲學家，說來不過是一位愛好眞理的人，而愛好眞理的人應不必要有特殊的稟賦。可是在蘇氏看來，一位愛知的人要能綜合知識經驗與理性思考，而理性思考的內容應是理型及理型之間的必然關係。又此項理型及其間的必然關係，「靈魂在前世已有認知，今生特加以回憶而已。此靈魂前生曾伴隨神明，翱翔天際，向下俯覽，不過種種疑似幻境，仰觀上方得見眞實存有。」（*Phaedrus,* 249c）。而此眞實存有卽柏拉圖之「理型世界」。

在蘇氏看來「只有一位愛知的哲人的靈魂可以恢復其曾翱翔天際的羽翼。哲人的靈魂能回憶起當他與神明同在時那些事物,而那些事物使他的智慧不亞於神明。假如一個人善於運用其『記憶力』(remembrance),並且洞察此一〔有關宇宙人生〕美滿無缺的祕奧(a perfect mystery)，則此人必將成爲一美滿無缺的人。他將遠離塵囂,遺世而獨立,接近乎神聖。可是一般無知者必將嘲笑此人愚昧,而不知此人已經承受了神明的眷愛。」(*Phaedrus,* 249d)。

此項「承受神明的眷愛」卽蘇氏所言之「第四類瘋狂」。蘇氏認爲靈魂受了「愛取」女神艾羅絲的激動，每每產生「心醉神迷的精神狀態」(ecstasy)，至乎其極,名爲瘋狂。瘋狂約有四類,而每一類又各各隸屬於某一神祇：例如第一號瘋狂者名之爲「預言家」(prophet),受感於阿波羅(Apollo);其次「神秘家」(mystic),受

感於戴奧尼索斯（Dionysus）（希臘酒神或者戲劇之神）；第三類便是詩人，他們受感於繆司(Muses)，文藝詩歌之神；第四類瘋狂者是戀愛者，也是最高尚的一種瘋狂，受感於愛美女神阿芙黛（Aphrodite）和「愛取」女神艾羅絲(*Phaedrus,* 285 b,c)。

蘇氏對於第四類既愛美又愛智的經驗統統名之爲戀愛者的經驗。對於此項戀愛的經驗的讚美未免有些言過其實，但不乏眞理。在相互辯論有關「愛取」女神的性質和功能已前見於《酒筵》語錄中者，往往涉及神秘讚仰的情操，且採用在宗教典禮時所用之語言，已經不勝誇大其辭。

大抵當我們遭遇美麗的事物，往往不能自主地陷入戀愛。實際上，當爲美的事物著迷的時候，正是對於「眞美」(true beauty) 的回憶。「眞美」是光明亮麗，無與倫比，爲人人所仰慕愛戀的對象。只有當其靈魂具有直接觀照「眞美」的能力時，方得再度投胎爲人。可是有些人的靈魂在塵世遭受污染，已經失去了直接觀照「眞美」的能力，不曾有過對「眞美」的神秘經驗，當他們看見美麗的事物時,他們不能迅速地回憶起「眞美」，因而對當前的美麗事物不僅喚不起他們對美的理型的認知，反而陷入爲四足獸類的情況，受制於追求肉體快樂的衝動，於是恣情任性陷於「胡亂」(wantonness) 而不知恥❼。

但是另有與上舉恰恰相反者，恢復其直觀「眞美」的經驗，認知眞實存有。更經由神秘經驗，此類靈魂能目睹神祇莊嚴美麗的形象，及慈愛的面貌，並且能肅然起敬，頂禮膜拜，不覺之中心醉神迷。由直視「眞美」的喜悅，激動了靈魂羽翼的關節，使其重行舒展。原已枯萎，重獲新生。當此羽翼重獲新生之時，使整個靈魂發生顫動吱

---

❼　蘇格拉底將無理性的徵逐享樂名之爲「胡亂」有理性的追求至善爲「中和節制」(temperance)。見《費卓斯》語錄 238a。

癢，正好比嬰兒初生牙齒時，牙床發生脹痛一般。所以當靈魂目睹美麗事物時，便激起一股溫暖之流，又謂之為「激情之流」（flood of passion），刺激並滋潤其羽翼，使其能展翅向天，充滿喜悅（*Phaedrus,* 250a-251b）。

在《費卓斯》語錄中，蘇格拉底又不憚煩借用神話，表現他對於靈魂與肉體屬性不同的信念。在他看來，靈魂是翱翔於神明界的精神，能認知真實存有，接近於理型世界，具備種種高尚的美德。肉體則受制於塵世的物質情慾，所知不過是相對的影子世界，甚至於沉溺於淫亂生活，而不知尊重道德。但是在此兩個極端之間則有各種不同的層面，端視靈魂投入何種人的身體，又既已投入後是否能盡其才能，尊重其職守。凡能盡其才能與職守者其靈魂羽翼仍然具有活力，足以向上翱翔，重返天府與神祇作伴侶。在此兩大極限之間，其能重返天府的人應以哲學家的可能性最高，因為哲學家的靈魂崇尚智慧，不受情慾所引導，所以能日親純理之美，享受智慧之光輝。

對於智慧的「愛取」原屬第四類瘋狂，它正是提昇靈魂入於不朽的動力。所謂「愛取」正是對於某項事物（價值）強烈的追求。追求或者渴望，其自身並無善惡可言，其可善可惡實取決於其所追求之對象。靈魂可被提昇而入於神聖的領域，也可陷溺到只貪圖禽獸之樂。其提昇或者陷溺完全取決這「愛取」的原動力將靈魂導向何種事物。就哲學家而言，其靈魂的動力不斷地導向智慧。其他的人，有的可能被導向於金錢與名位，有的可能被導向於飲食男女。就個人而言，人的靈魂構成部份受了「愛取」的推動，各各導向不同的對象：「理性」在追求真的知識；豪情（精神）在追求勇敢；而慾望在追求飲食男女。靈魂構成的部份各有職司，這便是柏拉圖的靈魂三分說❽。

---

❽　靈魂三分論並見《共和國》、《法律》、《迪冒斯》及《費卓斯》諸語錄。

此項靈魂三分說純粹從功能著眼，可是在靈魂結構上，是不是也應把靈魂分成互不相干的部份呢？在《共和國》語錄和《酒筵》語錄中皆有討論。在個人經驗上，每每感覺到靈魂具有自我節制的功能。就是說來自同一靈魂，幾乎在同時，發出不同的指示，一方面停止了靈魂某項趨勢，另一方面使其改途異轍，導向某項更高的價值。此項靈魂的功能雖人人曾有過此項經驗，但無人能說明何以會產生這種情況。柏拉圖的「愛取」論似乎企圖解釋此項複雜的靈魂導向。

叁　靈魂動力論──「愛取」

在《費卓斯》語錄中，曾談到靈魂可能受了塵世的污染，失落了其翱翔天際的羽翼。可是一旦因其在塵世中重道積德，靈魂的羽翼也會失而復得，再度翱翔於青天之上，重睹「眞美」，於是那一項強烈的「激情之流」再度出現。這便是「愛取」在激動靈魂追求其心儀的對象。假如「愛取」的對象是萬神之主的宙斯，靈魂將追隨宙斯出遊的車隊，並模仿宙斯的聲音容貌以求逼肖，心中充滿恭敬，於是頂禮崇拜。其他如追隨希拉（Hera）（司婚嫁之女神，乃宙斯之妻）或阿波羅（主音樂詩歌之神，亦爲太陽神）者，亦必追隨他們的車隊，模仿他們的高貴的品德，及優美的容儀（*Phaedrus*, 252d-253c）。所以「愛取」是靈魂取向的原動力。

一、有關「愛取」的讚頌

在《酒筵》語錄中，柏拉圖曾運用戲劇手法和優美的文字，探討「愛取」（艾羅絲）的眞諦。在慶祝一位得獎的劇作家阿格容的酒筵

上，以讚美「愛取」爲主題，參加酒筵者依次製作頌辭。阿格容的頌辭是：

> 愛取是神祇中最幸福的、最美麗的、最年輕的。祂旣溫柔嫺雅，又具一切善的美德。祂是正義的，所以祂不行不義，也不忍受不義。祂是節制的，所以作爲一切快樂之主，因爲沒有快樂會大於「愛取」的快樂。祂是勇敢的，就連戰爭之神阿雷斯（Ares）也不是祂的敵手，因爲祂是「愛取」的情人。祂是聰明的，任何人與祂接觸，便會轉化爲詩人，因爲他們陷於熱戀「愛取」，大發詩興。　(*Symposium*, 195a-197e)

據阿格容看來，「愛取」是美滿無缺的。可是蘇格拉底對於阿格容溢美之辭，巧妙地提出了他的質疑。

蘇氏說他從居住在曼提尼亞（Mantinea）女巫黛娥迪馬（Diotima）學得「愛取」哲學。他原來也和阿格容一樣認爲「愛取」是年輕美貌的神祇，具有一切完滿無缺的美德。但是黛娥迪馬的說法與此相反，她說「愛取」所追求的是祂所缺乏的事物。祂不可能具備無窮美善，祂只是在渴望和追求那無窮美善。所以黛娥迪馬說：

> 「愛取」旣不美，也不善，但是「愛取」旣非邪惡，更非醜陋。「愛取」是介乎美與不美、善與不善之間。再者，由於美和善具有神聖的不朽的性質，所以說「愛取」是介乎朽與不朽之間，也可以說「愛取」又介乎人與神祇之間。祂是渴望和追求祂所缺乏的事物的那種精神力量。(*Symposium*, 201a-203a)

二、有關「愛取」的神話

為了解釋「愛取」是在追求祂所缺乏的事物，黛娥迪馬提供了「愛取」出生的神話。據說「愛取」是「富有」（resource）和「貧窮」（need）相結合所誕生的。

> 在美神阿芙黛生日那天，「富有」與諸神祇歡筵在宙斯的花園中，「富有」恣情歡樂，不禁酩酊大醉，側臥在綠茵之上，剛好「貧窮」路過：頓然遐思，若我能與「富有」相結合，則今生今世當不虞匱乏。於是俯身躺臥在「富有」之旁，春風初度，便暗結珠胎，是為「愛取」。誕生之後，以「愛取」受胎之時，恰是美神阿芙黛壽誕之日，所以「愛取」終生成為美神的隨從僕役，因之愛美是「愛取」的天性。
>
> 可是「愛取」的母親是「貧窮」，所以祂習慣貧窮人的生活：白天赤足遊蕩，夜間露天而眠。祂過的是粗獷貧乏的日子，那裏像他人所想像的：「愛取」是姣好舒適的。不過「愛取」的父親是「富有」，所以能提供祂充足的資源來追求美善，使祂成為一位活力充沛、精神旺健的價值追求者，終生追求智慧和真理。所以「愛取」是介乎智慧與無知之間。(*Symposium*, 203b-204b)

黛娥迪馬所言有關「愛取」的神話含義雋永，頗具匠心。大概「愛取」只不過是一項慾望的追求，祂的價值決定於其所追求的對象。

三、「愛取」的對象

「愛取」所渴望追求的事物，對他自身而言，皆是美好的，包括肉體、財富、名譽、德性及有關靈魂方面一切美善的事物。所以黛娥迪馬說道：

> 一般來說，凡是渴望美好的事物或者追求人生幸福的努力皆可名之為「愛取」。愛取是偉大的，因為祂充滿奮勉、誘惑的力量。有人用之於追求財富，有人用之於從事遊戲競技，有人用之於追求知識真理。他們的行為不必一定需要用「戀愛」或者「愛取」這些名稱來描寫他們。事實上，他們一心一意在追求那些事物，已經到了著迷的程度（*Symposium*, 205d）。其實，「愛取」不僅在追求其所渴望的美好事物，並且渴望美好事物能繼續不斷地存在。換言之，「愛取」真正所渴望的是美好事物的不朽：男女相互愛悅使後代得以繁衍，這使個體得以不朽。勤勉所事，以修令名，是為追求死後聲譽之不朽。渴愛智慧、追求真理足以使人不為塵世習俗所污，保持崇高品德，是為追求精神之不朽。（*Symposium*, 209）

在黛娥迪馬看來，不僅「愛取」的對象各有不同，「愛取」的歷程也有高低的層次。要想進入「愛取」聖殿（神祕的領域）必須要經過如下歷程：

> 由愛個體之美進而愛一切美的個體；由愛一切美的個體進而愛

社會人羣法律制度之美；由愛法律制度之美進而愛學習理解之美；由愛一般的學習理解之美進而愛好「有關美自身的知識」（即言有關絕對的、永恆的、完滿的、美的知識）。如此入門方得進入「愛取」的神祕之宮，窺知美究竟是什麼。（*Symposium*, 211c）

女巫黛娥迪馬的結論是：

> 人生的目的不在追求錦衣玉食、財貨美女。人生真正的目的在培養出追求善良美好的靈魂，那靈魂自由自在、不受濁世沾染，方能與神聖的美型相親、相愛、相隨、相伴。（*Symposium*, 211c）

柏拉圖在不同語錄中對於靈魂的不朽一再加以肯定。但是靈魂的活動：知、情、意、慾、虔敬、崇拜等等，一概以「愛取」為其基本動力，而「愛取」的對象顯然有價值高低之別。「愛取」既是靈魂唯一的動力，為何追求不同的對象？出自靈魂具有不同的成份或者出自靈魂擁有不同的功能？這個問題與答案引起以下的討論。

肆　靈魂三分及其結構與功能

前於「靈魂飛翼的神話」中，已徵引《費卓斯》語錄中所記載：追隨宙斯飛向天界高峰的神祇，因為駕御失調，良馬與劣馬不得並肩齊驅，以致失隊落後。茲再續引該語錄所言雙馬的隱喻。

一、雙馬隱喩

前文只說一位駕御者有雙馬駕車，一匹良馬、一匹劣馬。但此良馬如何之良，此一劣馬如何之劣，尚未交代。那良馬雄偉、立直、腿腹壯健、脊項高聳、鼻如懸鉤、白毛黑睛，看來自莊自重、秉性和善，願與聲譽卓著之徒為友，不加以鞭策便可依駕御者之口令行事。那劣馬身軀傴僂、龐大畜牲、頭頸短縮、鼻孔朝天、黑毛灰眼、脾氣火爆，願與任性浮躁者為伍；且兩耳重聽，加以鞭策，亦難以就範。

〔時駕御者正在追隨宙斯及諸神祇翱翔天宇〕一旦御者目睹其所敬愛之對象，不禁那激情之流，激盪了靈魂中「愛取」之衝動，欲直驅前進，藉以表達其虔誠膜拜之忱。此時良馬尚知分寸，不敢立即奔向其主人所崇敬之對象，靜待主人之指示。那劣馬不僅不聽主人的口令與鞭策，並且咆哮奔躍，企圖接近其主人所敬愛之對象。其結果徒陷主人與良馬於困擾，〔於是三者發生互動〕初則劣馬深感不悅，終則順從御者之意願，飛車得以繼續前進。不久飛車更接近，而御者目睹其所敬畏之客體，光芒四射，使御者回憶起那「美的典型」(form of beauty) 比鄰於「節制」之旁，端坐於其神聖寶座之上。御者頂禮膜拜之情，油然而生，於是緊拉韁繹，驅使兩馬匍匐在地。良馬樂於服從，劣馬則不願，因之飛車窒礙不前。良馬內愧，其靈魂不安，不覺汗流浹背。劣馬跌倒在地，略感傷痛，亟圖恢復其桀驁風度，大發脾氣，針對御者及良馬咆哮憤怒，殆若一惡性重大、包藏禍心之叛徒。

愈益接近御者所敬愛之客體時，良馬惶悚，內心充滿恐懼與焦急。劣馬因跪地遭受痛苦，怒不可遏，開始對御者及良馬奚落漫罵。御者曾再次鞭策兩馬前進，終於同意兩馬暫息片刻。歇息後，兩馬似乎忘其所以，御者不得不再予鞭策。經一番掙扎拉扯，再行出發。於更接近御者所敬愛之客體，劣馬故作姿態，俯首、聳身、蹻尾、緊咬口中嚼口，不肯前進致敬。御者憤怒之餘，拉扯韁靳，但因用力過猛，使此劣馬口腔中牙齦鮮血噴濺，用力逼使劣馬曲膝下跪。劣馬於痛苦中沮喪之至。而御者不肯寬待，如此者一而再、再而三，劣馬終於屈服，放棄其任情胡鬧。良馬始終悸慄不安，使御者既愛且憐。（*Phaedrus*, 253d, 254b-e）

上舉見《費卓斯》語錄中，御者與雙馬的隱喻含義顯明：御者代表理性，其所敬愛的是「美的典型」，其莊嚴燦爛，足以使其頂禮膜拜。良馬代表「善良意志」（或名之為「有節制之豪情」），而劣馬是魯莽蔑裂的「慾念」。誠如蘇格拉底之所言：

假如靈魂中高貴的部份（或者說是「靈魂之心」）控制其他部份、而為其主人，且此項成就表現在一位愛智者的生活秩序之中，則他的世間生活必然幸福美滿。因為靈魂中卑劣的成份被征服了，而其善良的部分便獲得充分的解放，所以他能自作主宰，身心安泰。此類有福的人在生命結束時，他們又重新恢復他們靈魂的飛翼，在競登奧林坪神殿第一遭的三輪迴（靈魂轉世需歷經三個輪迴，每一輪迴需一千年，三次輪迴需三千年）過程中，他們便贏得了勝利。這個勝利非同小可，它是一項無

與倫比的賞賜，遠勝於哲學家的智慧和上界神祇所具的能耐。
(*Phaedrus*, 256b)

　　柏拉圖「靈魂論」之中心思想認爲靈魂成份不外「理性」、「豪情」與「慾念」三者，其相互間之功能應「以理絜情、以情絜慾」。慾念（名之爲「愛取」）的對象應不受感官的具體的事物所奴役，而以追求理型的抽象的事物之美，是乃人生幸福之源泉。較諸中國宋代理學家侈言「增一分天理，去一分人慾」大異其趣。理學家將「天理」「人慾」相對立，似乎互不相容者，其結果導致讀書人習於僞善。殊不知「飲食男女，人之大欲存焉」❾，如能行之以禮（禮者理也），絜之以情，庶幾世情與聖諦可得交融，則人生之幸福可求也。

二、靈魂三分及其相互作用

　　綜合了《共和國》語錄 (IV, 435-442, VI, 504, IX, 571c, IX, 580d)、《迪冒斯》語錄(69d)與《法律》語錄(IX, 863b)，柏拉圖將靈魂分爲三部分：(一)理性部分是靈魂中和善的、主宰的部分 (the rational, gentle and dominant part of the soul)，(二)豪情壯志部分 (passion or the spirited part of the soul)，(三)慾念部分 (the appetitive or passionate part of the soul) 被形容爲多頭野獸，時時想推翻理性的管制，自我作主。

　　柏拉圖在討論靈魂三部分相互作用的時候，每每提到理性的與非理性兩者之間的衝突，好像把豪情那部分歸之於慾念部份，形容「豪

---

❾《禮記·禮運》。

情」是愛好戰鬥，引發暴動的（*Laws, IX,* 863b）。但是此項易於暴動
部份可以加以訓練調節（*Republic, IX,* 572），使其與「理性」相結
合，於是共同控制「慾念」，使其不致加害人生。

在柏拉圖看來，正好比一個遵守正義的城邦是由統治階級、武裝
部隊和生產百工所組成的，靈魂是由渴求智慧的「理性」、奮勇成功
的「豪情」與耽於享樂的「慾念」所組成的。這三者之中只有「理
性」的活動是以「理型」與「善」為準則，而「豪情」與「慾念」往
往易於陷溺，受其所追求的對象所左右，不能做出正確的價值判斷。
所以柏拉圖一貫主張:

> 那應是理性的任務: 理性須運用智慧與人的「先見之明」
> （Foresight）統御整個靈魂，而豪情與慾念應唯理性為馬首是
> 瞻。我們應當將理性與豪情結合起來加以訓練: 一方面要採用
> 先賢的「法語」、「巽言」，來滋長和策勵理性的功能; 另一方
> 面以音樂的韻律，來軟化靈魂中粗獷的部分，如此才能駕御慾
> 念。慾念佔據了靈魂的大部份，同時又是貪得無饜的，所以必
> 須經常加以監督。否則，慾念泛濫成為禍害，轉而控制了豪情
> 與理性，使一個人的生活顛倒錯亂。（*Republic,* 442a-d）

在《共和國》語錄中，柏拉圖對於控制豪情與慾念有過冗長的討
論，歸結到理性的作用具有兩種模式: 第一種是理性具選擇作用，它
會選擇用什麼方法，使慾念獲得最高的滿足。第二種是理性的考慮足
以緩和慾念躁切的強度，同時審度情況，決定何種慾念可先獲得滿
足，而不違背道德規範。關於第一種理性活動的模式純粹屬於目的與
手段之間的衡量，而未必符合道德規範。譬如有人為惡念所驅，志在

詐欺或竊盜，理性活動若只考量用什麼方法達到目的，是則無異乎助桀為虐。

三、河川比喻

柏拉圖所言理性活動第二種模式著重在根據道德規範，來決定何種慾念應獲得滿足。是則理性對慾念不必一味加以控制，並且可疏導慾念，使其滿足有先後秩序。在《共和國》語錄中，有一段不常為人所徵引和討論的對話：

> 我們確確實實意識到，當一個人的某項慾念很強烈傾向於某一項事物時，傾向於其他慾念的強度便減低了，正好像河川裏的水被導向某一河道便不再向另些河道流淌了。所以說一個人的慾念被導向於愛智那一類工作時，他所關切的應是有關靈魂的福祉，對於肉體方面的安逸與享樂必然日趨淡忘。我所指愛智者應是終生以追求真理為職志的人，而不是當今一般的吹牛的哲學家。(*Republic,* 485d-e)

河川導向的比喻說辭或許有助於我們瞭解個人如何能運用其理性，一方面控制了某種慾念使其不得滋長，一方面引導其慾念趨向於正確的導向，庶幾獲得幸福。在柏拉圖看來，幸福的獲得首在能「自作主宰」(self-mastery)。又凡靈魂能「自作主宰」的人便能使靈魂的原動力（所指的是「豪情」與「愛取」）經由正確的導向，獲得充量的但不過份的發揮。

根據柏拉圖的政治理想，在一個共和國中，每一種人（統治階級、

武裝部隊、生產百工）經由個人的努力，本乎正義的原則，皆可達到「自作主宰」的目的。同時在一個符合正義的共和國中，每個人得因其所受之教育及受教的成果之不同，而擔任不同的工作與職守。凡能盡忠職守者皆各別獲得其自我完成的機會。不僅一個理想的城邦如此，一個健全的靈魂也應如此。就是說一個符合正義的靈魂在「自作主宰」的情況之下，「理性」、「豪情」、「慾念」三部份各盡其本分，三者不是互相干擾，而是互相協調，以達到和諧安詳的目的。

事實上，柏拉圖除主張節制慾念、疏導慾念之外，另提出靈魂三成份互相協調的主張。他說：

> 正義不僅只是外表行為的指導原理，並且是內在靈魂保持和建立自我的原則。靈魂的各部份不應當彼此妨礙、相互干擾。反而應當清楚的意識自我，於是能「自作主宰」、建立美好的內心秩序，使靈魂的三部份協調，正好像音樂有高音、中音、低音，及其他調子共同合奏，其目的是在奏演出一首美麗的曲子。
>
> (*Republic,* 443d-e)

四、靈魂三分的困難

柏拉圖靈魂三分論雖然能把握靈魂所表達的重要功能和功能之間相互作用，但是在理論上確有困難。例如在上文曾說過靈魂是單純的，不是部份的複合體，所以他是不可分開成部份的。果如此，為何講到靈魂的功用時，要分為理性的、豪情的、慾念的三部份。又例如「河川導向」的比喻是可取的，試問出於一個靈魂，為何某一部份能控制其他部份，或者某一部份能導向另一部份？關於這些問題在《共

和國》語錄中有以下一段對話:

蘇（格拉底）: 是否我們非得承認凡見於你我大家靈魂的特色,
也一定會反映在城邦政治上呢? 一個城邦具有其特色, 必來自
構成此城邦各人靈魂所具的特色。否則, 別無其他的來源。假
如有人不承認北方民族如施瑞辛人 (Thracian) 和大月氏人
(Scythian)是勇敢的 (因為他們靈魂具有勇敢的特色), 或者
有人不承認雅典人具有愛智的狂熱 (因為他們靈魂具有愛智的
特色), 或者有人不承認腓尼基人 (Phoenicia) 和埃及人具有
追求財富的熱忱 (因為他們的靈魂具有貪財黷貨的特色), 那
些人必然是荒謬之徒。

葛（勞康）: 假如有如此之人, 則此輩人等必然是荒謬的。

蘇: 這是一件很容易被人認知的事實。

葛: 誠然如此。

蘇: 可是, 一旦我們要進一步追問道: 「究竟這是一個靈魂從
事於三項不同的事? 或者是靈魂某一部份只從事於某一項事,
例如學習是出於靈魂的某部份, 瞋怒是出於另一部份, 而飲食
男女又出於靈魂的另一部份? 或者靈魂只有一個, 在從事於愛
智、 表示勇敢和滿足慾念這三方面的任何一項, 無不全力以
赴?」這便是我們的難題, 使我們難於決定究竟靈魂的功能如
何在運作。

葛: 誠然, 在我看來這也是難題。

蘇: 讓我們嘗試為這三者劃分界限, 看他們是否是一式一樣
的。

葛: 如何分界?

蘇: 很顯然，一件同樣的東西在同時對另一件東西做出性質相違背的動作，或者在同一時刻，那件東西遭受到來自另一東西所加諸的性質相違的動作。所以一旦發現心理活動的功能發生如此自相矛盾的情事，我們可以推斷這項矛盾不出於單一的心理活動，而是出於心理多元的活動。(*Republic,* 435e, 436b-c)

上面對話標示了「不對立的原則」(brinciple of non-contradictory doings)。此項原則與邏輯上的「不矛盾定律」(law of noncontradiction) 有以下兩點不同: (一)「不對立原則」是針對物質、行動及性質而言，不是針對命題而言。(二)其所特別指認的是「兩相對立」(two opposites)，並非「相互矛盾」(a mutual conflict)。柏拉圖用了「不對立的原則」，來指出靈魂具有其部份，否則，假如靈魂是不具有部份，便無法解釋何以靈魂針對某一對象在同一時刻做出性質絕對相反的動作。

可是柏拉圖同時又描述靈魂部份之間確有矛盾衝突情況之存在。譬如某人在慾念上極欲飲水，但在理性思考上發現不可飲水。這顯然證明靈魂確有其部份，而部份之間又有相對立而矛盾的現象。有人認為根據這種心理矛盾，便可確定靈魂有其不同且相矛盾的部份，而不必另找其他的理由。但是靈魂的部份何以能發生互相間的衝突? 又靈魂的某項功能何以能控制或者遏止某項其他的功能? 又靈魂於遏止某項心理功能的同時，何以能採取與前項心理功能相衝突的功能? 這些問題不因為靈魂的三分而獲得解答。

譬如，談到慾念，不僅因其對象而有不同的慾念，並且慾念又是永無止境的，誠如中國成語所言「慾壑難填」。例如我之慾念在購買X與Y，但是因為財力不足，暫時買了X而放棄Y; 後來有了錢買了

Y，可是心中又想買Z和R，一旦有了錢買了Z和R，又想買A和B，如此慾念層出不窮，於是生活在得失無常之中。儘管慾念可能無有窮盡，但是靈魂並不因此而有無窮盡的部份。

事實上，人的慾念無有窮盡，且因其所欲的對象，而有種類之別，但這些不同種類的慾念不可能同時的而又完全的獲得滿足。我們必能因慾念的強度，而做出先後緩急的去取。所謂慾念的強度促使慾念滿足有先後，這並非說慾念可分為若干部份，可先後加以滿足。慾念是單一的，慾念只有滿足或者不滿足之別。依同理，對同一事物，我們會產生接受、拒絕或者冷漠的反應，因此產生相互矛盾的慾念，而這些矛盾的慾念是來自單一的靈魂，不是來自具有部份的複合體的靈魂。我們應當體認靈魂與外界事物的相互作用極其複雜。在內外、心物種種問題之上，更有「價值問題」（axiological　problem）須待考慮，所以徒然把靈魂分為部份，且以某一部份控制其他部份，並不足以解決問題。

又如柏拉圖在《共和國》語錄中，把合乎正義的城邦比喻為合乎正義的靈魂。一個理想的城邦統治者、哲王，代表「理性」；捍衛疆土的勇士，代表「豪情」；百工利人利己，代表「慾念」。在城邦，哲王以奉行理性為施政之準則，而以實現正義為鵠的。在個人，靈魂得運用理性以駕御豪情與慾念，而以幸福為生命之目的。柏拉圖於其理想中的城邦政治，需要劃分階級，每一階級的職守與功能又嚴加劃分，顯然違背現代人的政治理念。就靈魂運作之功能言，理性功能誠然重要，但過分崇理，恐將扼殺生命冒險與創造的樂趣。據柏拉圖想像中作為城邦統治者的哲人，必須減少其慾念，至乎其極。雖婦女與兒童亦宜疏離，家庭生活之享受、情慾生活之滿足，皆應嚴加節制。是則作為城邦的統治者只應奉公守法、善盡職責，而無滿足慾念、享

受人生幸福之可言。

至於作爲城邦之成員之武士與百工，其主要功能不在發展靈魂中理性的功能，而是激發豪情與滿足慾念爲職志。是則武士與百工之生活缺乏理性的領導，勢必不會美滿。

總之，柏拉圖在《共和國》語錄所言靈魂三分法，用以配合理想中城邦政治之三階級、三職守，在理論上確有瑕疵。在作者看來，柏拉圖爲了自圓其說，必須在靈魂三分，理性、豪情、慾念之上，建立一能控制、疏導、協調這三者的更高層次的靈魂功能。他似乎暗示了那能「自作主宰」的自我，好像具有高層次的地位，但是他未曾詳加說明。並且柏拉圖也得把那推動靈魂追求各種不同價值的「愛取」與貪得無饜的「嗜慾」（appetites）加以區分。換言之，經由對於「慾念」價值之高低，與滿足「慾念」之適時與不適時，應加以討論，庶不致因對某些「嗜慾」的貶抑，而限制或阻礙了正當「慾念」的滿足。

結論　靈魂的正解

根據前文的分析與探討，柏拉圖的「靈魂論」確有一些令人困擾的問題。但讀者應體認柏氏在語錄中所提的問題，其複雜的程度使我們難以獲得一簡單的答案。假如治哲學的人對每項哲學問題要求一個正確而又簡單的答案，正好像一位幾何學家證明一個幾何命題那樣正確而簡單，這便犯了「無端簡化的謬誤」（fallacy of Unnessary reduction）。更有進者，柏拉圖對於某項重要哲學問題，在不同的語錄中，往往提出各別著重點，或者甚至於似乎是矛盾不相容的說辭，讀者必須把見於不同語錄中關於某一問題的特殊論點綜合起來，方能

窺得柏拉圖對某一哲學問題的見解的全貌。

　　例如在不同語錄裏柏拉圖對於靈魂提出不同的描述。在《費多》語錄裏柏拉圖借蘇格拉底口中所描述的生命情調，具有濃厚的厭離塵俗的色彩。把靈魂說成是理性，而理性是高貴的、神聖的、不朽的。把豪情與慾念統統歸諸肉體方面，而肉體是卑賤的、世俗的、易朽的。於是把哲學家的生活說成是「預習死亡」，或者說：「死亡使靈魂脫離肉體的羈絆」。這項靈魂肉體二元論實導源於早期柏拉圖的知識論。

　　柏拉圖認爲感官的對象在流光瞬逝的歷程中，旣無定型，且唯變所適，所以徒由感官不足以成知識。知識之可能是由於「理型」(「形式」或「觀念」)之介入。理型之存在遠在感官經驗之前，寄居記憶之中，人們經由回憶喚起理型及理型所構築的文理脈絡（包括邏輯必然的關係），於是正確的知識方有可能。例如學習幾何學是由已知的推論到未知的。憑靈魂喚起記憶中的公理、公設、定義，及空間關係，來證明一個新的幾何命題。

　　柏拉圖認爲正確知識的獲得旣不經由感官所得的印象，亦非來自後天的經驗，而是由理型及理型脈絡所提供的知識。理型具有普遍性、超越時空性和永恆性，只在精爽的靈魂中儲藏。而靈魂之所以不朽，可從靈魂儲藏理型及追憶理型足以見之。柏拉圖此項有關正確知識的見解構成他早期靈、肉兩分的謬見。由靈肉的兩分斷然裁定善惡的兩分：靈魂是善的，肉體是惡的。這項惡性的兩分法顯然違背了人之常情及實際經驗。到了中晚期柏拉圖修正了早期的謬見，提出「靈魂三分」的說法。

　　在《共和國》語錄中，柏拉圖一再強調靈魂的三成份，及每一成份的特殊功能。在人性複雜及現實情況不美滿的情況之下，柏拉圖標

舉了崇高的道德理念如「智慧」、「勇敢」、「中和」、「正義」等等，企圖與靈魂三成分相結合，以提高人的地位。

人之理性、豪情，與慾念各各有其特殊的功能，又各各有其所欲求的對象：理性所求者智慧，豪情所求者勇敢，慾念所求者財貨。如能遵守「中和」、「節制」的原則，此三者可一一獲得滿足（快樂）而不相害。但是在三者之間，往往一者凸顯甚至阻礙乃至控制其他兩者。例如一位暴君其所追求的不是人民的福祉，或社會的正義。於是他的人格受了他的低級慾念所支配，而喪失了他的智慧和勇敢，結果他成爲最不稱職、最不快樂的人，淪爲貪財黷貨的儈夫。

談到這三者之間的關係，不必一定要運用理性來強制地壓抑豪情和慾念。最好是疏導、調和、策勵此三者，一一獲得積極的、適量的滿足，而不損害人格的完整。這便是人生幸福可行的途徑。

在《酒筵》語錄裏，柏拉圖的思考層面提高了。在《共和國》語錄裏，他把理性的功能說得超乎一切。在那共和國裏只要統治者酷愛智慧（理性追求的對象），在身心兩方面接受理性的約束與訓練，同時武士和百工能各盡其才、各盡職守，一個合乎理性的城邦便可達成。

可是人性並非如此單純，除理性功能外，尚有豪情壯志的意志力（「豪情」）和易於陷溺的肉慾衝動（「慾念」）。爲了如何馴服肉體衝動不違背「中和節制」的原則，並且鼓勵那項衝動向高尙的方面發展，在《酒筵》語錄中柏拉圖提出了他的「愛取論」。這項新理論使讀者瞭解所謂靈魂的三分並不是說在人性中有三個成份可以加以分割，也不是說這三個部份各行其事互不相涉，更不是說理性一分屬於靈魂，而豪情、慾念部份屬於肉體。爲了這項靈肉兩分法的謬見，使柏拉圖在《費多》、《費卓斯》、《共和國第十書》及《喬吉亞》語錄中，採取了當時在雅典民間流行的「靈魂墮入塵世」、「靈魂恢復羽

翼」、「靈魂轉世不朽」種種近乎神話的比喻說辭，來描述人陷溺於肉慾的可怖情景，使當世人有所警惕。

　　根據柏氏的「愛取論」，在靈魂三項功能之上，更有一項衝動，名之爲「愛取」。這項愛的衝動由低級的、肉慾的提高向上達到理性的、智慧的；由單一、個體的一步一步提高達於多元的、普遍的；由具體、感官的提昇到抽象、理型的。更高的層次便是那些眞、善、美、聖，絕對的、永恆的價值。尤其是那超越乎時空的、純粹美的典型之愛是人生幸福的源泉，是靈魂所欲求的安息之所。

　　總之，讀者應隨時記取柏拉圖對於靈魂問題無意提供一個簡單而又正確的答案。關於有些似乎不相容的理論如「靈魂與肉體的分離與結合」、「靈魂旣是不含部份的單元而又三分」種種，我們似乎可以用「愛取是一切靈魂功能的原動力」的理論對上舉的不相容加以化解。在柏拉圖哲學裏「靈魂論」、「理型論」與「愛取論」有極深的聯帶關係。這一點是讀者應當加以體認的。

第四章　柏拉圖愛取論

引　言

　　柏拉圖的「愛取論」散見於好幾個語錄,如《酒筵》、《共和國》、《費卓斯》、《迪冒斯》、《克瑞迪勒斯》和《巴曼尼底斯》。在各個語錄中, 對於「 愛取 」有的只是提到它的神話的來源; 有的著重它的怪異性質。 只有在《 酒筵 》語錄中「 愛取 」獲得較爲周全的解釋。

　　就生命哲學的主題 —— 生、死和幸福 —— 來看, 柏拉圖在三個語錄裏分別有較爲完善的處理。在《費多》語錄裏, 柏拉圖以「死」作爲生命哲學的主題來討論。在《共和國》語錄中, 柏拉圖就在「現行世界」中經由人的禀賦、訓練、職業所可能完成最大限量的幸福加以討論, 而以追求取得智慧爲哲學家最熱中的理想。 在《 酒筵 》語錄中, 柏拉圖對人生哲學的討論廊廡擴大, 將「愛取」作爲生命的原動力 , 是靈魂向上攀昇的主力, 是人生追求不朽的根源。同時植根於「愛取」熾熱的追求獲得智慧之光, 由慧覺而悟道, 由悟道而入於純粹精神的領域, 自證「菩提」、頓入「佛境」。作者借用佛學名詞乃比譬說辭。

　　因此, 就哲學思想體系的發展而論, 《酒筵》這語錄不應歸諸柏

拉圖早期語錄，而應出現在《共和國》語錄之後。就蘇格拉底經由女巫黛娥迪馬之口說出「愛取」之對象：由個體之美，而道德倫理之美，而理性知識之美，而慧覺智光之美，一步一步階昇而入於精神領域進入神祕宗教層次。也可說這項神祕宗教層次便是柏拉圖對於一位理想中哲學家的精神生活所可期望獲得的最高層次。到此，也便是柏拉圖哲學思想已瀕臨圓滿成熟的階段。

再從柏拉圖在各篇語錄中所開展的「理型論」和「靈魂論」，必得加上其《酒筵》語錄中的「愛取論」，方能構成相互連貫的思想體系。而「愛取論」實居關鍵性的地位，因為「愛取」成為靈魂的動力，才能使一位哲學家超凡入聖，朝夕親近純理之理，取得最高的幸福。所以從思想脈絡上看，「愛取論」應為柏拉圖晚期定論之作。

雖然柏拉圖語錄有早期、中期、晚期之別，同時歐美希臘學者對於其分期又有內在的、外在的證據，但是見仁見智仍多不同爭議，將《酒筵》語錄劃歸中期固可，如劃歸晚期與《共和國》語錄相前後，亦有可商榷之餘地。

壹　「愛取」的神話來源

古代希臘文化具有深遠的神話背景。在奧林坪神祕宗教的教義上，人、神之間應有鴻溝之界。人界虛浮不實，天界則堅如鋼銅，兩界劃分不可踰越。天界乃神明之所居，人界乃蠢靈之所居。但是人神又同出一源，曾寄生於同一母胎。雖人、神之界已劃，但人有「惡取鬧」（moira）及「嫉妒心」（nemisis）的激情，往往企圖踰越人、神之界，以遂其逐慾之滿足。

茲有一神明號「巧安排」（Poros），生子名「愛取」。而「愛取」

稟性激越，每每從事於不合法之活動。「愛取」曾由人間進入神界，從事於瀆慢神明之勾當，遭受天譴。在《酒筵》語錄中女巫黛娥迪馬口中之「愛取」，大都份保留了其神話宗教之來源。可是在醫生歐尼謝曼丘斯 (Eryximachus, 畢達哥拉學派中人)證辭中，「愛取」所代表之惡性已經消失，歐醫生把「愛取」說成是有秩序的「愛取」，使萬事萬物各得其所；使宇宙和諧共生。如在一年之中寒暑適時、晴雨適度，是乃「愛取」調節有功：世間動物、植物各遂其生，疾病不起，災害消除，則世間無不平之事 (injustice)。反之，如「愛取」不安本份，胡作非為，則天災人禍，層出不窮，世間疾病叢生，災害頻仍，是乃無秩序 (disorder)、反和諧、導致世界毀滅之徵兆也。果如歐醫生之所言，則「愛取」具有相反之兩種性情：一方面引入和諧；另一方面導致毀滅。在歐醫生看來，做為一位醫生，他的重點工作，便是在使身體不安的兩極對抗中，建立兩相和諧的「愛取」，不讓那惡性「愛取」居於控制的地位，導致對立加深、矛盾尖銳。

在《酒筵》語錄中，雖然我們無法一句一句的瞭解女巫黛娥迪馬對於「愛取」的描述，但是很顯然她企圖保持「愛取」本有的神祕宗教的身份。她說「愛取」是一位「守護神」(daemon)，介乎人間世和神明界之間。只有「愛取」可以消除人、神對立，使宇宙成為和諧的一體。這是從「愛取」、「和諧以生」的層面來說，顯然「愛取」另有「鬥狠以滅」的層面。這一項生死存亡循環不已的自然觀，在希臘神話中以不同的故事出現：在《伊留申神祕故事》(*Eleusinian mystery*) 中宙斯 (Zeus, 萬神之首) 和地后 (Demeter) 所生之女婆賽芬 (Persephone)，為冥王 (Hades) 刦持，幽囚地獄。終因地后之力使婆賽芬亦得在陽世享受光明之樂。又如詩人兼音樂家奧菲斯 (Orpheus) 從地獄中救出他的愛妻猶尼戴士 (Eurydice)，不幸他違背

了冥王的吩咐，不得在走出地獄時回首瞻視其愛妻，結果其愛妻淪入黑暗，消於無形。再如酒神戴奧尼索斯原是一年一度開花結果葡萄之神。在古代希臘必於葡萄釀酒新醅出甕之時，狂歡作樂，形成萬人空巷、不醉毋歸的慶典，於是戴奧尼索斯由葡萄之神蔚爲狂歡之酒神。他如有關阿多尼斯 (Adoris，古希臘之美男子) 的故事，皆顯示古代希臘人對於宇宙中事物的生死循環印象深刻，明見宇宙中事物生死無常，於悲憫之餘，必待見其起死回生，如此循環不已，方得有所慰藉。

在《酒筵》語錄中，黛娥迪馬承認「愛取」爲「巧安排」之子❶。但是在《赫西峩德的遺簡》(*Hesiod's fragments*) 中把「巧安排」說成是「雜亂無章」(chaos)，而「愛取」又是「雜亂無章」之子，他又曾經闖入神界騷擾愛神。如此說來，「愛取」是躁進而又激越的衝動。「愛取」誠具有成 (有秩序)、毀 (無秩序) 兩種功能。此兩項功能雖極不相容，但有相輔相成之關係：「不成則無所毀，不毀則無由復生。」此項生死循環的奇異現象，實乃古代希臘神話亟欲解答之謎。

貳 「愛取」之性質

在《酒筵》語錄中，共有六位發言人對於「愛取」的性質加以描寫。這六位發言人是：(一) 費卓斯、(二) 包桑尼阿斯 (Pausanias)、(三) 歐尼謝曼丘斯、(四) 阿里斯妥范尼斯 (Aristophanes)、(五) 阿格容，最後是(六)蘇格拉底。他藉了女巫之口，表達他對這神祕的力量似乎有了更深入而又周全的瞭解，他道出了「愛取」眞正的性質與

---

❶ *Symposium* trans. by M. Joyce, 203b.

功能:

一、費卓斯「愛取」觀

　　費卓斯在《酒筵》中首開紀錄，陳述他所認知的「愛取」。他說「愛取」乃最古老之神，但無父母。他認為「愛取」真正關懷的是祂在祂所愛者心目中所呈現的最美好的形象。費氏說:

> 當一個在戀愛中的人，如一旦被他所愛之人發覺他的行為卑
> 鄙，或者由於他的懦弱遭受了他人污辱時，他所承受的痛苦，
> 遠甚於他的弱點被他父親或者同伴或者任何其他他人所發覺。
> 同樣情形，假如那位被愛的人陷於任何不榮譽的情況之中，那
> 位愛他的人也必感同身受。假如有辦法使相愛的人能在政府中
> 或者軍中同營共事，他們勢必互相督促比賽，爭取榮譽。他們
> 必能併肩作戰，抵死不渝。如有此類相愛之人，雖極少數，必
> 可征服世界。(《酒筵》語錄 178d-179a)

　　此類由愛而相互期許，正如《易經・繫辭》之所言:「二人同心，其利斷金。同心之言，其臭如蘭。」我們不得貶損，認為此類之「愛取」出於自私，誤以為愛者「自愛」(self-love)，只關懷他在他所愛者心目中的美好形象。實際上，愛者為了愛，可能不惜痛改前非（假如他曾為浪子）重新做人，使他在他所愛者心目中，成為一值得珍惜的身兼智、仁、勇的對象。無論其為同性之愛或者異性之愛，值得稱許的是愛必須具備此項相互策勵，共同追求幸福之願望。於個人、於社會，凡「愛取」具有此種性質者，方值得加以談論。否則不

然，如當今西方之「存在主義者」沙特（Jean-Paul Sartre）把人降低爲禽獸，又把愛視爲禽獸本能的衝動，非人力所能控制，所以他認爲人對於他的性行爲不負任何道德責任❷。

費卓斯所談的愛者關懷他在被愛者心目中的形象，一方面是出於自愛，企圖建立一個美好的形象，值得被愛者加以珍惜；同時在另一方面實所以鞭策自己，使他的優良品德獲得充份發展，臨乎理想人格的實現。試看世間有多少男女經由愛情或者婚姻而趨於成熟：認清做人的理想目標，及朋友之間或者夫妻之間的道德責任，藉以爲追求共同的幸福，不惜犧牲小我的私利，來完成神聖的或者世俗的理想。費卓斯舉了阿爾惜斯迪士（Alcestis）及阿奇勒斯（Achilles）爲例，說明：爲了愛，他們各各實現了崇高的價值。阿爾惜斯迪士爲了她的丈夫亞得曼兌斯（Admetus）犧牲了性命。可是她高貴的行誼，感動了大力士侯克勒斯（Hercules），而侯克勒斯拯救了她，恢復她和亞得曼兌斯的夫妻恩愛生活。阿奇勒斯乃是一位赫赫有名大將，在拓爾戰爭中因爲希臘軍的統帥有眼不識英雄，不讓他出戰拓爾大將海克圖（Hector），於是他忿而退出戰場。但是等到他聽說他的好友柏魯克蕾斯（Proclus）爲海克圖所殺，爲了好友他又重返戰場。憑了他的神勇，他殺了海克圖爲友報仇。費卓斯舉了上面兩個例子，不僅只在表彰「愛取」力量之偉大，同時也表彰阿爾惜斯迪士殉夫的忠貞，阿奇勒斯爲友復仇的義勇。而忠貞與義勇都是人生所可追求的高尚的價值。費卓斯對「愛取」所做的描寫顯然是在傳達一項信息：「愛取」的聖諦和俗諦不應被看成是兩相鑿柄的。「愛取」的俗諦，「在他被愛的心目中保持美好的形象」；和「愛取」的聖諦，「不惜犧牲自我以實現

---

❷　Henry G Wolz: *Philosophy as Drama: An Approach to Plato's Symposium, in Review of Metaphysics,* 1968, pp. 326-327.

高尙的理想如忠貞和義勇美德等等」，此兩者之間有互爲因果的關係。現代某些西方思想學派及激情文學家往往出於他們憎恨「耶教」，於是否定有「聖諦」的存在；或者出於他們故意貶損人在宇宙間之地位，於是否定有道德價值之存在。柏拉圖在《酒筵》語錄中，對於「愛取」從種種不同的層面，說明「愛取」在價值實現中種種相反相成的功能。讀者應採取客觀而又獨立的眼光，來欣賞參加酒筵者對「愛取」所提出的描寫，更應當從「圓融主義」（organismic）的立場，窺視其間融會貫通之處。

二、包桑尼阿斯「愛取」觀

包桑尼阿斯是第二位在酒筵中讚美「愛取」的人。他認爲「愛取」有聖俗兩諦，但同來自「愛和美的女神」（Aphrodite）。由在天的「愛和美的女神」引發的是聖愛；由塵世中「愛和美的女神」所引發的是俗愛。他認爲在希臘城邦中對於「愛取」作爲是一項人際間的關係各有不同看法，只有在雅典城邦中，不管愛者採取如何極端的方法在追求他之所愛，將無人加以嘲笑。

但「愛取」畢竟是無常的。在世俗眷愛之中，不管愛者與被愛者如何信誓旦旦、同生共死，可是情遷事移，轉眼之間往日之信誓旦旦、同生共死，變成視若路人、恩意斷絕。所以包桑尼阿斯出乎笑謔的說道：

> 最爲稀奇古怪的事，便是在相愛的雙方中任何一方皆可信誓旦旦，也可絕棄誓言。這樣子反覆無常，而在天的神明並未加以懲罰，且寬恕了他們。說來「愛取」之事，並無誓約可言。

（《酒筵》語錄 183b）

包氏在他的「愛取」讚頌中，談到一些更古怪的事情。照他說來，愛者與被愛者之間似乎有一種「兼相愛、交相利」的關係。愛同性的年輕人，在愛者這方面說是出於高尚的動機，而被愛者可能感覺到那是一項差辱。爲何兩者之間有如此差異的感覺呢？據包氏說來是爲了要試探對方的動機。愛者不應當只出於對被愛者所生的肉體快感而愛他，而被愛者之所以委身於其愛者，不應當只是爲了他的財富、權位。這種說法眞是稀奇古怪極了，現代人幾乎難以瞭解，就連西方目前實行同性戀的「人妖」，也不會同意包氏的說法。

究實，包氏所說的原是一項年長者與年輕者之間的師生關係。年長者因爲他的學習與經驗，自認對於「修身養性」上有了心得，願意傳授給年輕的一代。而年輕的感覺到與此類年長者交往，可以增長個人的智慧，砥勵個人的品德，於是也樂於受教。如此，出於雙方的情願，建立了師生的關係，產生了教育的功能。正如包氏所說的：

> 當愛者與被愛者相遇……在相互交談之中，如有一方面能提供另一方面以品德的修養和智慧的取得，在如此情況之下，被愛者不妨委身於其愛者。（《酒筵》語錄 184d-e）

包氏不從師生的關係，而從愛者與被愛者之關係，來討論教育問題，眞使人困惑不解。當此時會，在《酒筵》語錄中奧西畢阿兌斯（Alcibiades）打斷了包氏的話，現身說法，說他自己曾經如何願以他的青春之美和聰慧的天資，來換取蘇格拉底的眷愛與教誨，可是他遭受蘇氏的拒絕。蘇氏並以笑謔而又謙抑的口氣說他對奧西畢阿兌斯的善良

美意無以爲報，因爲他生來醜陋（據歷史記載蘇格拉底凸額扁鼻，十分醜陋），又不具智慧（蘇氏一再宣稱他的「無知」）。關於這一段話，讀者可閱讀《酒筵》語錄，218d 到 219a。

蘇氏拒絕奧西畢阿兌斯的要求可能有許多理由，但是奧氏欲以他的「美妙的身材」（bodily charm）來交換蘇氏的哲學智慧，顯然他的動機實有可訾議之處。師生之間的關係不可能是愛者與被愛者之間兩相平等的關係。師是以有者的身份傳授他的智慧，而學生是以無者的身份，接受師的智慧。在蘇氏眼光中，教育不可能是兩個居於平等地位者之間予取的交易；談到年輕貌美，更不可作爲交換的對象。蘇氏深深知道師生之間的關係應當建築在爲師者誠信、爲生者敬服的基礎上，方能發生教育的功能。蘇氏對奧西畢阿兌斯的拒絕，正是對當時雅典城內青年的警告，因爲他們誤認了師生之關係，同時誤解了教育的功能。

況且蘇氏認爲智慧不是一種貨品，可以轉手交易的。他曾經作一比譬說：「智慧不像是水可以由一個較滿的瓶子倒入一個較空的瓶子裏。」（175d）。在《柏羅泰格拉斯》語錄中，蘇氏曾說道：「你不能花錢購買知識，好像是把它裝在一個瓶子裏帶回家去。一旦你買得了知識，你必得把它裝在你的靈魂之中，讓它在你的生活中發生作用：你可能因知識而大大地獲得了利益，或者因它而受到傷害。」（《柏羅泰格拉斯》語錄 314b）。

至於包氏在他讚頌「愛取」時，疑慮愛者對被愛者可能發生不良的影響，就是把他一己的意見，一己的愛好，或者一己的動機加諸被愛者，使被愛者於不自覺中失去他的平等地位，爲其愛者所奴役。包氏顯然不贊成師生之間予取的關係，他竟然把師生的關係說成是強制者與犧牲者之間的關係。這只能算是他主觀的成見，不能當作是客觀

而又普遍的現象。

包氏又說：

> 在野蠻人統治的國家裏，愛年輕人被看成是不名譽的。愛年輕
> 人、體操運動和從事哲學探討都蒙上了惡名，因為這些活動與
> 暴君政治為敵。暴君為了他們的利益，需要採取愚民政策，使
> 人民俯首服從。不希望人民志氣高昂，更不希望人民團結友愛
> 而形成一種與之對抗的力量。（《酒筵》語錄 182b-c）

包氏的評論好像是有些奇怪，但是證之以當今世界上共產政權統治的
國家，無不殘民以逞，剝奪了人民集會、言論（包含思想）、出版
的自由。年輕人的相互友愛，大規模的運動集會（除非是在該政府控
制之下），和從事於哲學思想（包括意識型態）的檢討，在暴君政治
（共產政權）之下是不受歡迎的。以今例古，當包氏時代，除雅典城邦
以外，必有若干希臘城邦淪為暴君統治。包氏的評論想必有感而發。

三、歐尼謝曼丘斯「愛取」觀

在酒筵上第三位發言人是歐尼謝曼丘斯。他是一位頗負盛名的專
業醫生。照理一位專家對於「愛取」的知識可能只限於他的專業範
圍。可是歐醫生有鑑於包桑尼阿斯對「愛取」的聖諦與俗諦之別，未
能窮盡「愛取」之底蘊，所以他要擴而充之。他說：

> 我認為包先生分辨聖諦之「愛取」與俗諦之「愛取」十分允
> 當，但是憑我專業經驗看來，「愛取」不僅是出自人的靈魂對

美好事物或者其他事物的傾慕，同時這項熱切的「愛取」被發現在一切動物的肉體中和在一切世間產品中。換言之，「愛取」是無所不在的，這是我的結論。從我的專業技術來看，「愛取」之神旣偉大，又神奇，又無所不在。祂所統轄的王朝包括天上和人間。(《酒筵》語錄　186a)

作為是醫生，他承認人有不同的慾望：例如一位身體健康的人的慾望不同於一位身體有病的人的慾望。出自健康身體的慾望往往是值得鼓勵的，而出自不健康身體的慾望必須加以消除或者加以改變。作為是醫生，他必須把那些不相容的成份或者因素，使它們可以融洽。例如冷熱、苦甜、乾潮等等相衝突的性質，要使它們相互和諧，如此才能保持身體健康。同樣為了冷熱和乾潮有了適度的配合，所以獲得五穀豐收、牲口繁殖。凡此皆出於上帝的愛。

　歐氏雖然是一位專業醫生，但是他的知識範圍不限於治療疾病。他把觀察所得的知識，由音樂和諧之感動人之靈魂，推論到「愛取」的對象之間的和諧，靈魂各項功能間之和諧，肉體與靈魂間之和諧。更推而至於一個城邦之內各階層的職司間之和諧，大宇宙中星體運行的和諧。以上層層的和諧形成一個偉大的「交響和諧」(symphonia)。歐氏由「個體小宇宙」(microcosmos of individual) 的和諧推論「大宇宙」(cosmos) 的和諧，無不由「愛取」(神聖之愛) 所引發。他的推論多少受了當時畢達哥拉學派的影響。該學派深感音樂具有神祕的影響力，它不僅能感人心、泣鬼神，並且能感動山河大地、蟲魚鳥獸、花草樹木。而音樂之所以和諧，其「音階」、「音量」等等無不一一可用簡單數量比例，加以說明。此項簡明的數量比例又構成「對稱」(symmetry)、「比率」(proportion) 和「平衡」

(balance) 的性質。而此項性質又是構成了「美」的必備條件，同時這些性質也是構成「秩序」的要件。這一項對於和諧之美的認知，在古代希臘文化創造成果如音樂、雕刻、建築，甚至於在悲劇的寫作與演出上，都有充量的展露。

歐氏治病務必要恢復機體功能間的和諧、「愛取」（慾念）之間的和諧，乃至於靈魂與肉體間的和諧，與東方醫理極為相近。想來此事並非出於偶然，實因古代希臘人對宇宙人生所持的信念不悖於中國儒家（《易經》）和道家（老、莊）的信念。可見古代希臘與中國哲學智慧與現代西方哲學之流派，無論其為「存在主義」(existentialism)、「破壞主義」（deconstructionalism）或者「後現代主義」（post-modernism）均極不相容。

四、阿里斯妥范尼斯「愛取」觀

正當歐尼謝曼丘斯結束他的言談時，阿里斯妥范尼斯的呃逆也停止了。阿氏生來是滑稽突梯的喜劇作家，擅長幽默嘲笑。他對於專業醫生膽敢對神聖的哲學妄出高論，似已不耐，於是開玩笑地問歐氏道：「假如宇宙事物間的和諧如此容易獲得，為什麼他得經過疏通鼻孃，打了噴嚏，發出怪聲，才能恢復他的體內和諧？」（《酒筵》語錄189a）阿里斯妥范尼斯如此消遣歐氏，十足表示出希臘人普遍的不相信專家，但當他們遭遇困難的時候，又不得不依賴專家。

或許出於阿氏滑稽逗笑的天性，他借用了神話來自我解嘲，他對人體的來源做了一番奚落。他說原始人體是雙料的：人有兩個面孔，可前後觀看；有四個眼睛、四個耳朵；四具肩臂，四隻腿；他可快速地向任何方向前進；他可運用四個手、四個腳，任意在地上翻觔斗。

他一身具有三性：男性、女性和男女合性，所以他是自足自給的，不須求偶。他體力壯健、智力聰慧。竟然膽敢侵入天界，冒犯神明。在天的神明起初極感困擾，繼則決定對此類鹵莽侵犯者加以懲戒。但是在天諸神又不願將其滅絕，深恐一旦將人類滅絕，則後世將無人崇拜神明，無人貢獻犧牲給神明。於是宙斯最後決意將此類狂徒一分為二，正好比把山間酸蘋果剖為兩瓣，做成泡菜。如此便可殺一殺他們的威風，降一降他們的傲氣（《酒筵》語錄 190c）。假如他們膽敢再行逞狂，胡亂取鬧，宙斯打算再將他們一分為二，使他們只能用一隻腿跳著走路。到那時他們四處奔走，來尋找另一半。一旦他們找到他們所失落的另一半，他們便相互廝守，忘記了飲食起居等等。宙斯眼看他們如此痴迷，勢將滅絕，於是深發悲憫，加恩他們。據阿里斯妥范尼斯說：

> 祂（宙斯）把他們生殖器官（The parts of generation）改變了位置，使它長在人體的前方。人便再不像蚱蜢那樣把卵子下放在泥土裏。男女生殖器官被移置以後，男的是由女的生出來的。男女相互擁抱便能生殖。如此代代相傳，人類便不至於被滅絕了。更有男的與男的相遇，也可能獲得滿足。那麼他們便可相安無事，各奔各的前程。男女之間的相需相求，老早便植根在你我大家身心之中，時時要求使生來的本性再結合，化兩為一。你我大家一經分割之後，只是一半而已，正好像一條平扁的魚兒，也好像是半邊的人（有缺陷的人），時時在那兒尋找他的另一半。（《酒筵》語錄 191b-d）

喜劇作家阿里斯妥范尼斯對於人類的來源的說法雖然出諸神話，但是

在無可奈何情況之下，他爲要解釋爲什麼人類生下來便有男性、女性之別，他也算用盡了他的想像能力。就連在生物科學非常進步的今日，生物學家根據他們「進化論」，也無法解釋生物世界爲什麼有男女、雌雄、牝牡之別？阿氏託之於神話的解釋雖然離奇，但仍然不違背柏拉圖在語錄中訴諸神話的原則——當事情無法用理性加以解釋的時候，便不得不訴諸神話。

阿氏對於「愛取」的根源提供了一些生物的或者生理的因素，使我們更加重視「愛取」在人際間和兩性間所可發生的功能。與費卓斯重視「愛取」在道德行爲上的功能，與包桑尼阿斯重視「愛取」在品德教育上的功能，與歐里謝曼丘斯重視「愛取」與靈肉和諧、社會和諧、宇宙和諧之關係，顯然有別。他是從「愛取」俗諦立場來體認「愛取」確與人類傳宗接代以求個體不朽有關。談到男女之間傾慕與愛悅，阿氏說：

> 他們（男女相遇）無從説出他們雙方所需求的是什麼。他們兩
> 方面互相渴望，看來並不僅僅爲了性交，好像是兩方面另有所
> 求。而在女的這方面，她在疑慮中略有「預感」（present-
> ment）而已。（《酒筵》語錄 192c-d）

此項模糊「預感」無他，只是借用她，使人類個體不朽而已。但是個體不朽不等於人生不朽。人生不朽除需要傳宗接代的個體不朽❸，更需要名聲不朽❹。誠如諺語所言：「人死留名，豹死留皮。」又誠如孔子之所憂慮的「君子疾沒世，而名不稱焉」（《論語·衛靈公》）。

---

❸ *Laws,* trans. by A. E. Taylor, 721b.
❹ *Symposium,* trans. by M. Joyce, 208d.

除上舉兩者外，在中國素有人生「三不朽」：立功、立德、立言三者的說法，而傳宗接代個體之不朽屬於「立德」。在柏拉圖語錄中亦言三不朽：傳宗接代與身後留名之事，除《酒筵》外亦見於《法律》語錄❺，於《酒筵》語錄藉黛娥迪馬之口蘇格拉底更談到「傳教化」之不朽。如詩人（包括悲喜劇作家）、創造藝術家（如神廟之建築師、雕刻家）、教育家（爲師者）及立法者（lawgivers）（如希臘古代之納寇喀斯（Lycurgus）和梭倫）。此類不朽之人物近乎中國人心目中之立功、立言者。允後續論。

阿氏不愧是一位大手筆的喜劇作家，他對於「愛取」之爲物更有繪聲繪影的描寫。他說：

> 假定那位「五金鑄造的神」（Hephaestus）手持熔鑄的工具，前來詢問躺在一起的男女，道：「究竟你們相互之間所要求的是什麼？」他們必然感到無法用語言表達他們心中的要求。同時再進一步假定那位手持熔鑄工具的神問他們是否願意把二人化爲一人，朝朝暮暮、永生永世生活在一起。並且對他們說：假如你們慾望果然如此，我將把你們熔解了，再煅結爲一個人。在你們有生之年，你們將共同生活，共同成長；可是一旦死了，你們只有一個靈魂，不會有兩個靈魂。試問你們都願意嗎？」一時聽者無不興高釆烈，希望相互結合爲一。看來相互結合爲一，乃是他們最原始最古老的要求。（《酒筵》語錄 192d-e）

這一項男女相互慕悅，渴求結合爲一，不應當被看成是人類生來

---

❺　*Laws,* trans. by A. E. Taylor, 726-727a-c.

的缺陷。更不應當推論說人生是生來荒謬的。從肉體上看，男女是兩個不同的個體，但是在靈魂層面，他們可以同心同德訢合無間。這一項相互慕悅的「愛取」不僅天體星球賴以發光，化學原素賴以親和，有生命的賴以生生不已、代代相傳。並且使生命世界中每一層次之每一構成單元——完成其個體，發揚生命的樂趣。男女之結合有其神聖之意義，豈可如某些「存在主義者」及「心理分析家」視婚姻爲動物本能所表現之苟且行爲，別無其他價值❻。

　　有人認爲阿里斯妥范尼斯專從俗諦層面談「愛取」，未免藐視「愛取」。在我看來，阿氏是從眞實的經驗層面談「愛取」，雖然曾用滑稽可笑的神話解釋「愛取」，可是有其嚴肅的層面：就是說「愛取」在傳宗接代導致生命不朽上，扮演了主要的角色。

五、阿格容「愛取」觀

　　對「愛取」加以禮讚的第五位發言人是阿格容。談到阿格容他原是酒筵的主角。因爲他的戲劇作品獲獎，所以他的朋友聚會在一起來慶祝此事。而蘇格拉底只是臨時被邀的一位不速之客。阿格容的劇作獲獎說明他是深諳語言藝術的人。因爲我們無法讀到他的戲劇作品，我們無從知道他的劇作中主角、配角的人品個性，如何經由語言的技術被刻劃出來。但是以他在酒筵中對「愛取」的讚頌看來，他是一位善於運用語言煽情的作家。

　　談到禮讚一個人或者一樣東西，我們應當就他的或者她的或者它的本有的性質或者功能加以稱讚。鑑於以上各位對於「愛取」的讚美

---

❻　J-P. Sartre, Flies, *Act III*, p.140.

大都從「愛取」作爲是人類一項恩賜來稱讚它，阿格容則從「愛取」的聖諦和俗諦及「愛取」本有的美德加以描寫。他說：

> 「愛取」消除了心中的不滿，而充實之以喜悦；「愛取」避免了不禮貌，而帶來了禮貌；「愛取」驅逐了不仁慈而提供了仁慈；「愛取」是善良之友，智慧之奇範，上天神明之驚異。凡尚未曾參與「愛取」者亟欲得之，凡已參與「愛取」者唯恐失之。「愛取」是精美、奢華、熱慕、珍惜、溫柔、風度之父母。「愛取」尊重善良，憎惡罪愆。當我們在使用語言、從事工作、追求理性或者陷於恐懼時，「愛取」是我們的救護者、領航人、密友和助手。「愛取」是諸神和衆人的光榮。祂是最聰慧，最光亮的領袖。讓世人追隨祂的脚步，爲祂的光榮而歌，在那讚美歌頌之中，「愛取」滋潤了神明和人的靈魂。（《酒筵》語錄197d-e）

阿格容讚美「愛取」雖多溢美之辭，但是「愛取」之爲神，或者「愛取」之爲人，其本有之性質，究竟如何，人人言殊。故任何讚美「愛取」之辭，並非如蘇格拉底之所言一定要有「眞」「假」之別。

　　依阿格容之所言：（一）「愛取」是諸神中最年輕之神，顯然與費卓斯以「愛取」爲最年老之神大異其趣。談到過去的上天諸神大戰，假如當時「愛取」之神當權得勢，戰事便不會發生。「愛取」之神姣好常住，永遠與年輕者爲伴，不與老朽爲伍。（二）「愛取」溫柔體貼，祂居於靈魂中，最爲溫柔之鄉。（三）「愛取」最爲溫順，祂隱藏在靈魂最深之處。（四）「愛取」是美好的、可愛的、亮麗的，祂只和年輕貌美者爲伍，正好像美麗的蝴蝶只採取鮮豔花朵中的蜜。（五）「愛取」表現「正義」（justice）的美德。因爲「愛取」向來不以暴力加

諸他人，同時「愛取」更不能忍受任何暴力加諸其自身。（六）「愛取」表現「中和」(temperance)的美德，「愛取」足以駕馭和控制任何過度的歡樂。（七）「愛取」表現「英勇」（valour）的美德，「愛取」足以控制戰神。（八）「愛取」表現「智慧」的美德，「愛取」如歐尼謝曼丘斯所說的，提供了醫學的理論基礎。「愛取」在極其無聊情況之下，啟發詩興，所以其自身必然是詩才橫溢的詩人。又由於「愛取」的設計，使代代得以相傳，並且代代傳授了某些謀生的技能。

總之，為了愛、為了美，「愛取」導致天神發現自我；在宇宙初開闢時，一切事物受「必然」（necessity）所支配，一旦「愛取」誕生，天上人間方呈現了善良美好的價值。「愛取」為人與人之間帶來和平，使空氣中、海洋上瀰漫著平靜。「愛取」提供我們安寧的睡眠，使我們自疲勞中恢復，使我們歡笑快樂。

六、蘇格拉底「愛取」觀

阿格容做為是一位「愛取」的讚美者，已盡了他的才能，把一切可能的讚美之辭都已用上了，無可復加了。做為是一位「愛取」的讚美者，這種作法應無可厚非，可是做為阿格容之後之發言人的蘇格拉底似有微詞。蘇氏說：

> 從樸實無知的立場來說，我想像中讚頌之事，應以真為本。出於真，則讚頌者可採用最美麗的辭藻、最高的格調。我本自認頗知讚頌之為物，且應能應付裕如。但是現在我發現〔阿格容的〕讚頌只在採用偉大的、光榮的〔那類辭藻〕，而不管那些讚美之

辭是否是真實的。〔我便有些遲疑了〕（《酒筵》語錄 198d-e）

因爲蘇格拉底的近乎嘲弄式的言辭，使後世許多注釋家特別爲此大做文章。指摘阿格容的讚辭虛假不實。殊不知，像以「愛取」爲對象的頌揚之辭，不知道如何方能算是眞，如何方能算是假。在我看來頌揚便是頌揚，其目的不能和「認知」混爲一談。「認知」有眞僞之別，而成功的頌揚不一定是眞的頌揚。更有進者，「愛取」因有聖諦俗諦之別，更因爲「愛取」之對象極其分歧，所以各人「愛取」的經驗必不相同，對某人說是眞，對他人可能是假，設立眞僞標準必多爭議。

更有人認爲這是柏拉圖常用的伎倆，使參加酒筵的人對「愛取」的意見分歧，到後來由蘇格拉底施展他的辯才，一個一個加以駁斥，一層一層加以分析，終於辨認出了眞理，人人心悅誠服。這是所謂「穩婆法」（ midwife ）。也有人說是「辯證求眞法」（dialectical interrogation）。爲了達到這個目的，蘇格拉底把讚頌「愛取」的話題轉移了方向。不管對於「愛取」的讚頌如何高明，或者對於「愛取」的性質和功用說得如何天花亂墜，畢竟我們對於「愛取」的對象不曾下一番審愼的思考。「愛取」必有其所「愛取」的對象，否則「愛取」被懸在空中，上不登天，下不入地，將無所作爲。「愛取」有對象，才可對他加以評價。「愛取」本身是中性的，因其「愛取」之對象而有聖諦俗諦之別。

談到「愛」，據泰勒之認爲似乎有不同的情感介乎其中。（一）、「讚佩之愛」（love of complacency）出於洋洋得意傾慕仰止之心態。如世人對孔子之愛實出於對孔子言行之讚佩。雖然一個人對孔子之愛未必對孔子在歷史上之地位能發生任何積極之影響，但衷心願之。（二）、「加惠之愛」（love of benevolence）如對於嬰兒或有殘疾

者所發生之同情和動作。(三)、「欲求之愛」(love of concupiscence) 此類情緒對於其所欲之對象有強烈佔有慾。此項熱切追求，正近乎希臘文 Épws (eros) 之義。「愛取」者以愛者深感自身缺乏某項事物，必欲取而得之而後快❼。

中國人對於「愛」之解釋最早見於《易經》，據方東美先生之分析謂:「『愛』有五相、四義。五相者: 一、雌雄和會。二、男女構精。三、日月貞明。四、天地交泰。五、乾坤定位。四義者: 一曰睽通、二曰慕悅、三曰交泰、四曰恆久。其要則『生之心原本於「愛」，「愛」之情取象乎易。故易以道陰陽，建天地人之情以成其愛。愛者陰陽和會，繼善成性之謂。所以合天地、摩剛柔、定人道、類物情、會典禮』❽者也。」方先生之認知純就自然界（天、地、人）以觀「愛」之功能與表現，而不及超自然界涉及神祕宗教之愛情觀，如蘇格拉底之所言者。

蘇格拉底於「酒筵」時，借黛娥迪馬一位女巫之口，道出他的「愛取」觀。女巫黛娥迪馬是否實有其人，對於「愛取」之主題未必關係重大。但是鑑於柏拉圖在《曼奴》語錄中提到蘇氏曾從男巫和女巫那兒獲得暗示，影響了他的哲學思想；又據柏拉圖在《酒筵》語錄中曾說到，因為黛娥迪馬在雅典曾獻祭於神，所以「阿奇兌曼戰爭」（Archidamian　War）早期的瘟疫得以延後十年。凡此皆說明黛娥迪馬實有其人，而非柏拉圖所杜撰。但是蘇格拉底在「酒筵」中對於「愛取」的性質、功能種種讚辭，諒非純是黛娥迪馬之言，再經蘇格拉底由記憶中一一道出者，而是蘇氏受了女巫的暗示，

---

❼　A. E. Taylor, *Plato, The Man and His Work,* Meridian Books, N. Y., 1956, p. 223.

❽　方東美：《哲學三慧》頁17，民國五十七年新中國出版社。

自我思考得來。在《酒筵》語錄中蘇氏對於靈魂隨知識和智慧的取得，一步一步向上攀昇，終而進入一精神層面，豁然開朗，享受到超生喜悅的幸福。這種境界純然屬諸神祕宗教的領域。正如蘇氏在《費多》語錄中假想在他的靈魂經由肉體中解脫以後，他所能享受的那種境界：自由、自在、日親純理之美，且與至善爲伴。從蘇氏哲學思想脈絡上看，蘇氏在《費多》語錄中對於靈魂超生的說法，和他在《酒筵》語錄中所言有關「愛取」的功能有密切的聯繫，是可互相勾貫的。

據黛娥迪馬的神話，「愛取」出身於一貧窮人家。步行無履，居處無屋。所以他不得不捲曲於他人門前，或者仰臥以大地作床。他的母親名潘尼哀（Penia），意爲貧窮。其父名普奴斯（Poros），意爲富有。顯然，「愛取」出身有些古怪：他的母親代表貧窮；他的父親代表富有。說他是貧窮，因爲他終身爲理想而在追求之中。由欲求飲食男女向上攀昇，而追求青史留名，再向上攀昇欲求智慧之光輝。藉以破除「無明惑」及「所知障」，俾與神明爲友。凡此種種欲求皆因生來本無，故不得不全力以赴，爭取其滿足。此過程歷經艱苦，備嘗酸辛，但爲滿足「愛取」之所求，雖九死而無悔，其故安在？

(一)追求生命的不朽

希臘人深明人生悲劇之含義，而悲劇最深切而又普遍之含義，莫過於生命之無常。黛娥迪馬曾說道：

> 通常以爲某人現在如此，昨日如此，而將來亦必如此，是爲某人之一貫性。在時間歷程中他好像沒有什麼變化，實際上每一個人由青春而遲暮匆匆的變老了。人和動物在時間之流中，前

前後後好像是「自我一致的」（self-identical）。事實上他們的頭髮、肌肉、骨骼、血液和整個身體，時時在變化之中。不僅肉體如此，靈魂亦然。譬如他們的習慣、脾氣、意見、欲望、快樂、痛苦、恐懼等等皆不會持久，經常來來去去。談到知識亦無不如此，有些保持下來了，有些竟然消失了。（《酒筵》語錄 207d-208a）

生命無常是人人所能經驗的事實。當朝夕與共的親人或者魂牽夢繫的師友一旦去世，無不寄以哀戚之痛。此不僅所以哀他，亦所以自哀。但凡有情衆生並不因生命之無常，減殺其欲求生命之延續。而「愛取」實爲延續生命之原動力。

談到生命的延續，古代中國人和希臘人把它看成是合乎宇宙創化的目的，而又緣乎有情衆生傳宗接代的神聖要求。在中國《易經·繫辭》中謂之「天地之大德曰生，而生生之謂易。」在《禮記·禮運》中則謂「飲食男女，人之大欲存焉。」在《酒筵》語錄中黛娥迪馬告訴蘇格拉底說：

我們大家都有生殖力。到了相當年齡，我們自然而然的要求後代。不是醜惡而是美感在加速誘導著我們。男女同在，便會懷胎，因而傳了宗、接了代，這是神聖的。此一神聖性建立在美的和諧上。在生育時美感是「命運」和「陣痛」的女后。當生產時期接近時，那美感的女后變得更和藹，更愉快。於是由受胎而生產，這過程是迅速順利輕鬆愉快的。（《酒筵》語錄206c）

黛娥迪馬進一步說道：

請看人類乃至於鳥獸受了「愛取」的感染，在痛苦掙扎中求偶。一旦有了後代，又負起餵養保護的責任。縱然體力最弱的父母，為了保護他們的嬰兒，不怕和強大的侵犯者鬥爭，以致於犧牲了自己的生命也在所不惜。為了撫養他們的幼小，他們寧願忍饑受餓。（《酒筵》語錄 207b）

根據以上所徵引的文獻，我們明見古代中國民族和希臘民族並不鄙視「愛取」。對於由「愛取」追求兩性之結合，以傳宗接代，認為是宇宙之常情，人倫之極致。此與小乘佛教視生命緣起於業惑，喻家庭為火宅，觀三界為八識所幻變，大異其趣。並與西方希伯萊傳統之「原罪」論，亦相互鑿柄。本乎父母養育子女之恩，中國人彰明孝道，而以傳宗接代為孝之本（「不孝有三，無後為大」，見《孟子》），再以孝為德行之本。此乃中國人道德人倫觀異於其他民族之顯著特徵也。

(二)追求名譽的不朽

又此項發自「愛取」，經由兩性結合而傳宗接代，為一切眾生所共享。「愛取」往往出諸盲目的衝動，導致堅強的佔有。但是人類所以異於其他生物者，蓋以其另外具有強烈的「留名千古」的欲求。傳宗接代近乎有形的不朽，限於一家一族之中；留名後世乃無形之不朽，其範圍不限於一個家族而可普及於全人類。又留名後世和個人在世之權位，未必相關。權位往往由他人所畀予，隨時因他人之好惡，可被剝奪。又凡有權位者未必皆有功德；但個人之名所以得以永垂不朽者，皆因其功德使後世之人蒙其利、感其德，於是後世之人油然生仰慕之心，獻歌頌，建廟宇。其功德載諸史乘，流為眾人之口碑，代

代相延以致留芳百世、揚名千古。

黛娥迪馬曾經說過:

> 每一個人無論他們所做何事，無不在追求永留後世的名譽，爭
> 取那無與倫比的光榮。愈顯貴的人爭取光榮的野心愈強烈，因
> 為他們熱愛身後永恆之名。(《酒筵》語錄 208e)
> 為了追求身後之名，一個人可能冒了最大的危險，花費了他衣
> 袋內最後一個銅錢，甚至於犧牲了性命。(《酒筵》語錄 208c)

談到追求生命不朽，除去經由「愛取」產生了後代，那一類肉體之
愛，另有一種精神之愛。有關精神之事物，最重要的莫過於智慧和與
智慧相關的品德與正義。談到人生智慧有古代希臘詩人如荷馬和赫西
奧得的創作流傳後代，使他們名垂不朽。談到品德和正義，古代希臘
的立法者，如斯巴達城邦立法者納寇喇斯及雅典城邦立法者梭倫，他
們對於希臘人的貢獻不僅是政治的，並且涉及精神層面: 他們的立法
保衛了人的品德，建立了社會的正義。所以他們的名譽也永垂不朽。

中國人談精神之不朽著重在個人在世之功德，而功德略分為五
項: (一)法施於民(近乎希臘人所謂立法者)，(二)以死勤事，(三)以
勞定國，(四)能禦大災，(五)能捍大患❾，此五項功德也是古代帝王入
祀宗廟的標準。準此，則中國人談精神不朽不及於詩人及小說家流。
在中國人看來荷馬與赫西奧得乃詩人、作家，其著作則稗官野史而
已。其著作雖留傳至今，但未必有助於培養人類之品德或增強社會正
義之實現(蘇格拉底對荷馬曾有此評論❿)。中國人談精神不朽略分為

---

❾　並見《禮記・祭法》及《國語・魯語》。
❿　*Republic X*, trans. by Paul Shorey, 599d, 600a-e.

「立功」、「立德」、「立言」。就「立言」而論，詩人、小說家不在其列。「立言」者必須言之有物，有助於個人之修身立德，及國家政教之設施。中國人此項成見近百年來已多改變。究實，中國的孔子並不廢詩歌「興」、「觀」、「羣」、「怨」之價值，更讚許其有助於外交辭令。雖在今日讀詩三百，猶感詩之作者無不出乎眞實情感，具有啓發他人的功能，較諸今日「現代詩」之浮濫，誠有天壤之別。至於近代小說家、戲劇家之創作只見其卑視道德倫常，醜詆社會風俗，於提昇人品、淨化人生殊少貢獻，蓋已遠離古代「立言」不朽之旨趣矣。

或人有謂「追求身後之名希圖不朽，無乃自私乎？」此種責難似是而非。某人後世之名之所以不朽，必因其在世之言行近乎理想，對於「眞」、「善」、「美」、「聖」之諸般價值分別的或者綜合的有所實現。更因此項價值之實現蔚爲事功，有益於社團、國家，乃至於全人類。吾人豈能因歷史上有些人沽名釣譽，妄求不朽，以致否定人爲追求理想、建立事功、企圖不朽之高尙「愛取」耶！

事實上「愛取」原無高下之分；依其所追求之對象，而有聖、俗之別而已。追求生命之不朽與追求名譽之不朽，前者有關乎「愛取」對象之肉體之美，後者則關乎「愛取」雙方精神之慰藉。但世人亦多有爲非作歹、惡名昭彰之徒，在蘇格拉底看來「世間無知其爲惡而行惡者，惡行由無明（ignorance）起。」於《酒筵》語錄中參與酒筵者雖未觸及「愛取」惡行之討論，但「愛取」的動機在「善」，而其追求之對象是「美」與「善」，似乎已早在參與者各人預想之中。談美則善在其中，談善則美在其中。中國儒家談人性「本善」（intrinsic good），道家主張以「善」報「惡」，中國大乘佛學家相信「人人有佛性」。是故中國之「儒」、「道」、「釋」乃本乎自然、順乎人情之宗教也。

(三)追求永恆價值的不朽

古代希臘哲人與中國哲人皆體認人生之意義及價值之存在於天壤之間，同時又深信教育之功能與歷史之傳承。故堅信人於現行世界死亡後（死亡是靈魂自肉體之超生），將居於另一價值世界中。此一價值世界又名「理型世界」，為一切絕對的圓滿的永恆的「眞」、「善」、「美」、「聖」所居住之所。靈魂與此等價值常在是為不朽。在黛娥迪馬看來：

> 追求美的典型要循序而進。其初由於愛世間某一個體之美，而引向高層次其他美型；更由一種美悟到另一種美，再由此二種美擴充到一切之美型。由欣賞美型引入生活中，實現那美型；由實踐那些美型到體認觀念理型之美；再由體認觀念理型之美而認知絕對美型，終而掌握了美的「三昧」(ersence)。(《酒筵》語錄 211c-d)

黛巫所談「絕對之美」似乎超越經驗之外，使人費解。又由個體特殊之美到普遍抽象之美，其推演步驟並無邏輯必然之關係。在她看來，價值的高低決定於有價值事物永恆性的久暫。例如個別肉體之美不如普遍的肉體之美，因為個別肉體不經久，多變化，所以不值得作為「愛取」的對象。依同理，靈魂之美遠超越肉體之美，因為靈魂比較肉體精緻、堅固，因而不朽；又依同理「社會制度」和「法律」遠超過個人的生命、可以經過若干世紀而不變，但是較諸「知識」猶遜一籌，因為知識所關切的是永恆不變的事物。凡愛好「社會制度」、「法律」及「知識」的人較諸只愛好個別肉體之美的人，他們「愛取」的

對象比較永恆，所以他們的愛是值得的，也比較牢固的。

　　談到肉體之美乃至於「社會制度」、「法律」、「知識」之美，這種美必須附著於某些事物之上，是有所待而然的，仍然是不獨立的。而獨立的、絕對的美必須超越乎一切事物。這種絕對之美據黛巫說來：

　　它是一項「法爾性質」（nature）（中國大乘佛學所言之「法性」），是悠久的，不生、不滅、不增、不減。其次，這種性質不因觀點之不同，而有優劣之分，也不因時間、地點，或者關係，使其有優劣之分，或者說有某部份是美的，而另一部份是不美的，如好像一個人的身體之美，有的美在臉部，有的美在其手，或者美在其他部位。又好像一篇演說辭或者一種知識必須全部是美的，不能只有其某部份是美的。也不能說美只在獸類，或者只在天上，或者只在地上，或者只在任何其他地方。絕對之美是分離獨立的、單純的、永存的、不增、不減的、不生變化的；絕對之美又分給其他生死無常的事物所共享。（《酒筵》語錄 211a-b）

作爲一女巫，黛娥迪馬談話的主題原是「愛取」和「愛取」的對象，可是她對於美的典型和絕對之美的討論，不僅有些過份熱切，而且引進了一些神祕宗教的色彩，使讀者感覺到她的言談與蘇格拉底徹頭徹尾的「現世主義」不相融洽。蘇氏在《費多》語錄中談「來世」、在《費卓斯》語錄中談「靈魂不朽」、在《共和國》語錄中談哲學家生活之高貴，凡此皆所以針對這個在時間之流中的世界而言。蘇氏不曾像柏拉圖那樣在「現行世界」（今生今世）之外假設有一「永相世界」（the eternal realm of ideas）。在那「永相世界」裏，一切

觀念、理想、價值、意義，經由理性的安排，形成一個價值高低的文理脈絡，而「現行世界」只是這個「永相」的影子而已。因為這個理由，使讀者懷疑柏拉圖藉黛娥迪馬之口道出他自己對於那「永相世界」的憧憬，道出他自己的信念：只有經由一位真正哲學家浸潤於「永相世界」之中，朝夕得親純理之美，為高貴的價值「傳教化」，且不惜以生命相殉，同時那位哲學家和年輕一輩遊談辯論，其目的不在「愛取」有形之美，而在陶鑄他們的靈魂完成其有品德的人格，使他們能懷抱與他相似的理想、執著，與獻身。因之，人人能各盡所能，而獲得人生之幸福，而社會之正義與公平亦獲得實現（參考《共和國》語錄）。對柏拉圖而言，這位理想中的哲學家正是乃師蘇格拉底。

從這個角度來看，蘇格拉底「傳教化」也正是追求生命不朽的途徑之一。一個人在世時以生育後代而不朽；也可經由建立名譽而不朽；詩人和創造的藝術家可經由他們的詩歌、戲劇及造形藝術品而不朽；立法者經由建立社會制度、法律規範，使後代享用之而不朽；教育家以其思想教育後代，而後代受其思想中觀念、理想、價值、意義所感化，改變了氣質，糾正了行為，儼然被陶鑄為一嶄新世代，這是教化的不朽。

談到教化的不朽，不僅牽涉到在時間之流中的「現行世界」，並且是「愛取」在「永相世界」裏所追求的不朽。這項不朽必須經過一個階層一個階層的向上攀昇。在《共和國》語錄中，柏拉圖曾討論到由早期的體操與音樂教育到晚期哲學家教育。柏氏對於音樂教育特別寄以厚望，認為音樂教育觸及靈魂深處，使一個人產生「合乎情理」（reasonableness）、「和諧」、「節奏」和「單純」（simplicity）的個性，表諸行為：便是「中庸」、「勇敢」等等美德。這些高貴的美

德也便是「愛取」所追求的最可愛的對象。所以說音樂不僅是爲了聽覺的享受,而且具有深一層的目的, 誘導世人追求「美的典型」(idea of beauty)。在《酒筵》語錄中這一項求美的歷程, 由個體特殊的到普遍抽象的,一層一層向上攀昇。在《共和國》語錄裏 (VII, 514; 532) 作了一項比喩: 好像一個住在石洞裏的人, 他所面對的只是幢幢假像, 一旦他的靈魂之眼仰視上方, 但見陽光普照, 假象消失, 繼而體認到至善的尊容, 使他精神喜悅, 獲得天之寵佑。在此「愛取」所爭取的不是在「現行世界」中的不朽 (這是相對的), 而是在「永相世界」裏的不朽 (那是絕對的)。

　　大體言之,「愛取」求美的歷程約有四層次: 第一階段,「愛取」的靈魂之眼掙扎而脫離了對個別人與物的感性之美。 第二階段,「愛取」 轉向來欣賞道德人倫之美。 體認光榮名譽與品德高貴之間的關係, 明瞭善在法律中和行爲上的意義。第三階段, 靈魂之眼發現數理科學的純理之美。「愛取」變成哲學家的衝動, 要把握抽象之美。正如天文學家發現天體運行和諧之美, 或者如幾何學家發現了幾何定理之美。第四階段, 超越乎感性的、 道德的、 理性的,「愛取」在追求絕對的美。正如黛娥迪馬在上文所說的這種絕對之美是法爾如此, 是美的自身, 不生、不滅、不增、 不減, 是不因人而異的; 是不因時間、地點, 或者關係而影響其性質的, 是圓滿的, 是單純的, 是永存的。

　　接觸到絕對之美據說是一項壯觀奇景。那是「愛取」捕捉到它所追求的最終極的對象。靈魂浸潤在天賜的喜悅之中。靈魂之眼直接觀照眞如本體, 不再憑藉思考歷程, 也脫離了感官知覺的干擾。如此說來, 絕對美的世界雖然對靈魂呈現了奇麗的壯觀, 但是那究竟不是經驗中的事實。絕對的美是在另一世界中。而「愛取」(原是靈魂的部

份)的主體應不是居於時間之流中陷身於生死輪迴中的人,應是超越乎「現行世界」的「精神存有」 (spiritual being)。柏拉圖藉了黛娥迪馬道出他的內心信仰。這項信仰當然有其當前的與歷史的背景,譬如他曾深受「畢達哥拉學派」和當代「柏羅泰格拉斯學派」及巴曼尼底斯的影響。可是作者認爲不應排除柏拉圖直接或者間接受了古代印度吠陀哲學的影響。〔據在美天主教會之刊物 *Catholic Academia* 曾刊載論文,謂根據古代可靠文獻記載,蘇格拉底曾在雅典與由印度北部旅行至該城之「宗教論師」 (guru) 討論靈魂不朽問題。又古代希臘與印度之交通往來, 在希奴圖特斯 (Herodotus, 5th cent. B.C.) 的《歷史》(*History*) 一書中有記載。〕

據吠陀時代經典之一,《蒙達卡・優波尼沙》(*Mundaka Upanishad III, i.* 1-3) 中所引比喻,說在同一棵樹上棲息兩種鳥: 一種鳥象徵「經驗之我」, 另一種鳥象徵「超越之我」。又說前一種鳥正在啄食甜果,後一種鳥正在入神旁觀。 談到「經驗之我」, 人人得知;而「超越之我」使人費解。據 「優波尼沙」 學者的解釋:「超越之我」又名「梵我」(Brahma)。 此一「梵我」居於靈魂最深處,超越乎感覺世界、生滅世界, 不屬於思想的對象。所以它不是哲學上的假設的原理, 它自己便是沉思、默想、靜觀、直覺。這項沉思、默想使人摒棄了小我私慾的束縛,恢復了清淨心; 在這無污染情況之下,提神於太虛,靜觀一切無常之幻起幻滅; 於是鎮之以禪定、慧聚, 得直覺原型價值 (archetypal values) 之統會, 棲心於眞如本體。原型價值不外乎「眞」、「善」、「美」、「聖」諸般價值的整合與統一而已, 一旦「愛取」把握到此項諸般價值的整合與統一, 靈魂的慰藉無異乎「天界之休」(Ananda)❶。

以上有關梵我的描述無異乎黛娥迪馬在「酒筵」中所說的靈魂與

絕對美的結合。這項結合啓發了眞正的品德，那便是哲學家所嚮往的
智慧。只有這種放光明的智慧可以導致靈魂入於「心醉神迷」（ecs-
tasy）的狀態，因爲靈魂眼直接觀照美滿的、絕對的、永恆的理型，
不再爲妄情假象所困惑。這一項「心醉神迷」於美滿的、絕對的、永
恆的理型，不單單是理知上的或者形而上的探索，而已經入於宗敎的
領域。就是經由「愛取」，靈魂的每一部份獲得了全然異樣的或者說
是脫胎換骨的轉變，形而上的探索與宗敎的嚮往統一了。這種統一提
供靈魂以無比的喜悅。這也正是《蒙達卡・優波尼沙》上面所說的
「經驗之我」與「超越之我」同時棲息在同一棵樹上，旣要採食甜
果，又要默然欣賞自然的美好。黛娥迪馬所說的「愛取」原是生命
力，導致人們欲求傳宗接代、靑史留名。「愛取」又是推動靈魂的力
量，使靈魂再度脫離了肉體塵俗的羈絆，翺翔於神聖的絕對美的天
堂。

⓫ *Mundaka III. i.* 1-3 in Max Müller & Oldenberg, The Vedic Hymns, London, 1926.

滄海叢刊書目（二）

國學類

先秦諸子繫年	錢　　穆	著
朱子學提綱	錢　　穆	著
莊子纂箋	錢　　穆	著
論語新解	錢　　穆	著
周官之成書及其反映的文化與時代新考	金春峰	著
尚書學述（上）、（下）	李振興	著
周易縱橫談	黃慶萱	著
考證與反思	陳勝長	著
——從《周官》到魯迅		
左海鉤沈	劉正浩	著

哲學類

哲學十大問題	鄔昆如	著
哲學淺論	張　康	譯
哲學智慧的尋求	何秀煌	著
哲學的智慧與歷史的聰明	何秀煌	著
文化、哲學與方法	何秀煌	著
人性・記號與文明	何秀煌	著
——語言・邏輯與記號世界		
傳統・現代與記號學	何秀煌	著
——語言・文化和理論的移植		
記號・意識與典範	何秀煌	著
——記號文化與記號人生		
邏輯與設基法	劉福增	著
知識・邏輯・科學哲學	林正弘	著
現代藝術哲學	孫　旗	譯
現代美學及其他	趙天儀	著
中國現代化的哲學省思	成中英	著
——「傳統」與「現代」理性的結合		
從中國文化到現代性：典範轉移？	石元康	著
不以規矩不能成方圓	劉君燦	著

影響現代中國第一人 —— 曾國藩的思想與言行	石永貴 編著
魯迅這個人	劉心皇 著
沈從文傳	凌宇 著
胡適與當代史學家	逯耀東 著
三十年代作家論	姜穆 著
三十年代作家論續集	姜穆 著
當代臺灣作家論	何欣 著
史學圈裏四十年	李雲漢 著
師友風義	鄭彥棻 著
見賢集	鄭彥棻 著
思齊集	鄭彥棻 著
懷聖集	鄭彥棻 著
憶夢錄	呂佛庭 著
古傑英風 —— 歷史傳記文學集	萬登學 著
走向世界的挫折 —— 郭嵩燾與道咸同光時代	汪榮祖 著
周世輔回憶錄	周世輔 著
三生有幸	吳相湘 著
孤兒心影錄	張國柱 著
我這半生	毛振翔 著
我是依然苦鬥人	毛振翔 著
八十憶雙親、師友雜憶（合刊）	錢穆 著
鳥啼鳳鳴有餘聲	陶百川 著
日記(1968～1980)	杜維明 著

語文類

標點符號研究	楊遠 編著
訓詁通論	吳孟復 著
翻譯偶語	黃文範 著
翻譯新語	黃文範 著
翻譯散論	張振玉 著
中文排列方式析論	司琦 著
杜詩品評	楊慧傑 著
詩中的李白	楊慧傑

～涵泳浩瀚書海　激起智慧波濤～